Festas e calendários

Alice Itani

Festas e calendários

Editora UNESP

© 2003 Editora UNESP

Direitos de publicação reservados à:
Fundação Editora da UNESP (FEU)
Praça da Sé, 108
01001-900 – São Paulo – SP
Tel.: (0xx11) 3242-7171
Fax: (0xx11) 3242-7172
www.editora.unesp.br
www.livrariaunesp.com.br
feu@editora.unesp.br

Dados Internacionais de Catalogação na Publicação (CIP)
(Câmara Brasileira do Livro, SP, Brasil)

Itani, Alice
    Festas e calendários / Alice Itani. – São Paulo: Editora
UNESP, 2003.

    Bibliografia.
    ISBN 85-7139-472-5

    1. Antropologia 2. Calendários 3. Educação de crianças
4. Festas I. Título.

03-2989   CDD–370.115

Índice para catálogo sistemático:
1. Festas e calendários na educação   370.115

Este livro é publicado pelo projeto *Edição de Livros Didáticos de Docentes
e Pós-Graduados da UNESP* – Pró-Reitoria de Pós-Graduação e Pesquisa
da UNESP (PROPP) / Fundação Editora da UNESP (FEU)

Editora afiliada:

Asociación de Editoriales Universitarias
de América Latina y el Caribe

Associação Brasileira de
Editoras Universitárias

Sumário

Sumário

Introdução

Festejar também é aprender

Festas estão presentes em vários momentos de nossa vida. Estamos sempre vivendo diferentes comemorações. No entanto, curiosamente, pouco estudo tem sido dedicado ao assunto. Ao trabalhar no programa de formação de professores de educação infantil, com a disciplina Tradições Culturais e Recreação, deparamos com a falta de material de apoio às atividades acadêmicas e mesmo de referência sobre a temática na literatura brasileira. O levantamento realizado pelos(as) alunos(as) e professores(as) de educação infantil e ensino fundamental, durante os últimos anos mostrou-nos também as dificuldades encontradas no desenvolvimento de atividades escolares nas festas do calendário escolar, como Páscoa, Natal, Festa Junina etc.

A festa é um fato social, histórico e político. Ela constitui o momento e o espaço da celebração, da brincadeira, dos jogos, da música e da dança. Celebra a vida e a criação do mundo. Constitui espaço de produção dos discursos e dos significados e, por isso, também dessa criação na qual as comunidades partilham experiências coletivas. Ela representa, igualmente, o momento da experiência prazerosa dessa convivência coletiva. A produção da festividade é, ainda, a composição de momentos do brincar com a experiência ritual da memória coletiva, da vivência com o passado e o presente, com a cerimônia e com as brincadeiras.

Produzir a festa é também aprender. A criança aprende brincando, e a essência do brincar está em fazer sempre de novo, pela repetição, transformando a experiência mais comovente em hábito (cf. Benjamin, 1985). A criança constrói o seu próprio mundo, a seu modo, e por meio dos objetos que cria, aproveitando-se das possibilidades que vê e vive à sua volta. E no brincar com esses objetos está a origem de seu gestual cotidiano.

Nesse processo de construção, faz-se necessária uma representação clara e compreensível do mundo (cf. Piaget, 1996), mas não "infantil" (cf. Benjamin, 1985). Festejar, para a criança, é, assim, brincar, e nesses rituais estão os conteúdos de momentos que contribuem para dar sentido ao seu mundo e à sua existência neste mundo. As festividades na escola, uma vez que se relacionam a territórios do lúdico e das brincadeiras, são espaços e momentos férteis, e podem ser, nesse sentido, os de atividades que, produzidas pelas crianças, contribuem para o seu processo de formação.

Este livro é resultado de alguns anos de pesquisa e reflexão, sendo originalmente elaborado como texto de referência para subsidiar a disciplina do curso de Pedagogia no âmbito do Programa de Formação de Professores para Educação Infantil e do curso de extensão universitária "Festas, Danças e Contos". Seu objetivo é contribuir para o trabalho educativo pela compreensão da festa por meio do resgate de seu conteúdo, como um costume popular criado e transmitido pelos povos ao longo do processo de civilização. A festa está sempre em processo de mudança, sendo transformada a cada momento pelos grupos sociais e pela produção de novos significados simbólicos. Comemoração ritualística coletiva, ela deve ser entendida também como um fato social. Como muitas das celebrações festivas vêm sendo mantidas pelos diferentes povos, resistindo às interdições e imposições, em diferentes momentos da história, elas se tornam igualmente fato político. O professor pode se valer da compreensão dessas comemorações, compostas por esses momentos e espaços a que nos referimos, como uma contribuição ao processo educativo que realiza.

Por isso, este livro é dedicado aos educadores e professores, especialmente aqueles que estão envolvidos com a educação infantil e o ensino fundamental. Não há a pretensão de ser um estudo antropológico de cada uma das festas. Trata-se muito mais de um livro-texto, com finalidade didática, que possa servir de suporte, com indicações para outras leituras, para festas específicas, religiosas, regionais. Ele é resultado do levantamento e da sistematização de um processo de "garimpagem" de material bibliográfico, documental e de arquivos, em bibliotecas universitárias públicas, bibliotecas e arquivos públicos municipais, regionais e nacionais, e de outros países como França, México e Chile. As fontes utilizadas constam da bibliografia. Resultou também de pesquisa de campo em escolas da rede pública de ensino infantil, fundamental e médio, notadamente paulistas, levantando as festas mais marcantes do calendário escolar. Levantaram-se, ainda, os dados existentes sobre as festas regionais do país, como o caso das festas do Divino, que possibilitassem verificar as semelhanças e diferenças entre as comemorações.

Para a montagem deste material contou-se, assim, com a contribuição de muitos, a começar de alunos (as) de Educação Infantil do curso de Pedagogia da UNESP-Rio Claro, de colegas e de muitos amigos, a quem agradecemos carinhosamente. Os agradecimentos vão particularmente a Vera Lucia Perillo, pela colaboração na construção de novas possibilidades de montagem das máscaras e pinturas de ovos; a Diana Hamburguer e a Marcia, pelos livros sobre a cerimônia da Páscoa judaica, *Pessach*. Agradecimentos especiais a Maria Augusta Wurthmann Ribeiro, com quem montamos o curso "Festas, Danças e Contos" e aprendemos juntas ao longo do desenvolvimento do trabalho com crianças, alunos (as) e professores (as). A Marie Gascon, por ter nos conduzido a fontes valiosas da literatura europeia, como também por ter nos enviado material de referência; ao professor Jorge Mialhe, por ter cedido seu tempo para nos suprir de material de pesquisa como apoio na montagem do texto; e aos amigos mexicanos Carolina, Armando, da Unam, e Enrique Hernández, do Consulado do México em São Paulo, que possibilitaram o acesso aos olhares das antigas civilizações andinas.

Desse modo, a apresentação da festa está distribuída em cinco capítulos. No primeiro, buscamos trabalhar a compreensão da festa como um fato social, analisando seu conteúdo e sua manifestação. No segundo, recuperamos a origem e o sentido historicamente atribuídos à festa, de apropriação do tempo. O terceiro capítulo é dedicado à compreensão da festa como fato político. No quarto, apresentamos a celebração das festas, sobretudo as principais, que fazem parte do calendário escolar. No quinto e último capítulo, são apresentadas sugestões de técnicas para desenvolvimento de atividades com máscaras e ovos.

1
A festa como fato social

A festa é uma das manifestações coletivas mais antigas e vivas da humanidade. Ela está presente nos costumes de vários povos, como manifestações populares, transmitidas e transformadas de geração a geração ao longo dos séculos. Os registros históricos sobre as festas perdem-se no tempo. Há mais de dez mil anos já se verifica a presença de festas como celebrações sagradas compostas por ritos e oferendas aos deuses.

A festa está ligada à relação do homem com o espaço e o tempo e, sobretudo, com sua vontade de dominar os mistérios da natureza (cf. Villaines & D'Andlau,1997). Ante o mistério de ambientes pouco conhecidos, os povos foram buscando formas de elaborações místicas ou rituais que pudessem assegurar um domínio – mesmo se essencialmente simbólico. A festa é inaugurada como uma tentativa de atribuir ordem a momentos de manifestação da natureza, de marcar o tempo no espaço, como na passagem do ano ou nas mudanças de estações. Originalmente, a celebração dos ritos sagrados teve como finalidade exorcizar as forças que pareciam ameaçadoras diante do temor da fome.

Pode-se compreender a festa como o núcleo central aglutinador das sociedades. Se a vida social se fundamenta nas formas e estruturas dos diversos modos de produção, pode-se verificar as festas nas diferentes etapas da sociedade, desde as aldeias e comunidades tribais,[1] passando pelas cidades-Estado[2] e as sociedades feudais,[3] até as sociedades burguesas atuais. Nessas aldeias e comunidades, com formas de economia baseadas na agricultura, caça e pesca, verifica-se que a festa não tinha por objeto o repouso do homem, mas era um momento dedicado a assegurar um tempo de sacralização com o objetivo de preparar a integração da comunidade a um ente transcendente. Por meio da festa, o instante da criação é reatualizado, como também o do combate entre os deuses das trevas e os da luz, a cada passagem de estação do ano. É, ainda, a marcação do simbolismo primitivo da fertilidade, conjugado com os fenômenos astronômicos e as variações climáticas por eles provocados.

Nas cidades-Estado ou comunas greco-latinas,[4] as festas não eram só e necessariamente comemorações do prazer, mas tentativas de restituir, por meio de preces, oferendas, espetáculos e jogos simbólicos, os eventos fundadores de cele-

---

1 Entre 8000 e 4000 a. C., que corresponde a formas primitivas de economia como a caça, a criação de animais, a pesca, a agricultura e até a cerâmica, a constituição das comunidades agrícolas e também a construção de casas em madeira e barro.

2 Desde 4000 e 3000 a. C., que corresponde aos períodos Mesolítico e Neolítico, com domínio da técnica, divisão sociopolítica com criação de um panteão único e uma metrópole religiosa, sobretudo no Egito e na Mesopotâmia.

3 Sobretudo europeia, entre os séculos IX e XIV.

4 A *polis* aparece entre os séculos IX e V a.C.; cada cidade é composta por diferentes grupos sociais, homens livres e escravos, e instituições próprias.

bração do nascimento dos deuses e dos homens. Era o momento de regozijar, nessas comemorações cíclicas, o destino dos homens e do mundo. Em toda a história das sociedades, a festa se mantém como uma ação, sobretudo simbólica. Ela se reveste, em diferentes momentos e em diferentes lugares, de formas rituais, obrigatórias, sem que o rito tenha necessariamente caráter religioso nem obrigação de valor moral (cf. Isambert, 1982).

A festa em si é uma ação de simbolização, na qual é representado um evento ou uma figura revestida de importância para a coletividade festeira. Nela se incluem tanto os ritos, as celebrações sagradas ou religiosas, como as comemorações políticas, eventos realizados com danças, músicas, brincadeiras, comida e jogos. Compreender a festa requer, nesse sentido, ver e sentir as representações e imagens materiais e mentais que a envolvem.

A festa é essencialmente rito. Desde as cidades-Estado ela é rito de devoção que possibilita assegurar às famílias a salvação das cidades. Se ela é diversão e repouso e, igualmente, uma homenagem coletiva aos deuses tutelares como forma de unir todos os membros da cidade, é também um espetáculo. Se as festas aparecem nas comunidades agrícolas como celebrações do tempo, mantêm-se como festas do campo, nos festejos da colheita, e passam a práticas de celebração da criação da cidade. Nesse momento, inaugura-se a ligação entre religião e arte e entre teatro e vida literária, como nas festas de Dioniso, promovendo, até mesmo, o nascimento e o desenvolvimento do teatro ateniense.[5]

---

5 As festas no inverno e na primavera, celebradas no campo e depois na cidade, dão origem às Dionisíacas urbanas, que instituíram, no século IV a.C., as representações teatrais, os concursos musicais, levando à vida literária.

No período da Idade Média, as festas passam por fortes rupturas e interdições, sobretudo nas sociedades feudais europeias, mas que atingem também as do Novo Mundo, das Américas. As principais mudanças são o estabelecimento do calendário universal no século XV, as políticas moralizadoras nas sociedades feudais europeias e até mesmo a proibição das festas não religiosas. Essas foram parte das tentativas da Igreja católica de apropriação do tempo e das celebrações pagãs, seguidas de um processo de dessacralização e esvaziamento do conteúdo das festas e de substituição pelas datas religiosas. O calendário único ocidental, com datação própria do Hemisfério Norte, provocou profunda ruptura entre tempo e espaço, sobretudo no Hemisfério Sul, onde as datas são deslocadas e fragmentadas de seus significados originais.

Muitas das festas interditadas, contudo, se mantiveram. Nesse sentido, festejar passa a integrar também as práticas coletivas de resistência, como parte da história e memória de certos povos e de vários grupos sociais. Mas as festas não podem ser compreendidas apenas como repetição no sentido de reprodução de atos das sociedades e gerações anteriores. Verifica-se que cada sociedade desenvolve suas festas como um ato que emerge de suas necessidades e que se realizam, a cada momento, com funções específicas; por isso, estão sempre em transformação. Nota-se que as festas se mantêm combinando, no mesmo momento e rito, o tempo profano no espaço do sagrado, alimentando o imaginário coletivo e assegurando a coesão da sociedade. Festejar é, desse modo, rito e superação do rito, de sua origem, que vem do termo *ritus*. O rito é ordem prescrita, mas é também produção e transformação e, por conseguinte, um resultado de uma criação coletiva do homem a cada momento.

Antes de tudo, evidentemente, a festa é um ato coletivo (cf. Isambert, 1982). Ela acompanha também as funções das instituições sociais na medida em que marca modalidades da vida cotidiana, como nascimento, casamento etc. Para compreender a festa ao longo da história é preciso, portanto, ver o seu conteúdo pelo significado ou pelo sentido sagrado atribuído pelos povos em diferentes momentos e lugares. Quando se festeja, o conteúdo humano é celebrado por meio da esperança que as comunidades depositam na luta pela liberdade. No conteúdo histórico das festas pode-se ver o humano do ser em sua criação, em seus costumes, símbolos e suas crenças, pelos seus ritos, seus cantos, suas músicas e danças.

2
A festa como apropriação do tempo e do espaço

Não se pode compreender a festa separadamente da história da humanidade e da tentativa de domínio do ambiente. Nesse sentido, vale percorrer esse caminho de compreensão do tempo – como uma das preocupações essenciais do homem –, começando pelos ritos da colheita e pelo processo de criação do calendário.

Ritos da colheita

A festa surge como uma comemoração coletiva, celebrando a esperança de um tempo bom para a plantação, como uma busca incessante de domínio do tempo sobre o espaço da produção agrícola. Os ritos de celebração das colheitas aparecem nas civilizações mais antigas para comemorar os frutos do trabalho, servindo de oferenda e agradecimento e, ao mesmo tempo, como uma manifestação do regozijo coletivo.

FIGURAS 1 e 2 – Meses do ano (desenhos de David Izuka, 2003).

Nessas comunidades, as festas eram uma comemoração do tempo para distinguir as diferentes atividades na cultura agrícola. Delimitavam o tempo seguindo o movimento dos astros, como uma marcação ritualística das atividades sazonais agrícolas, que se manifestava também pelos diferentes ciclos sazonais do Sol e da Lua.

Orientando-se pelas fases da Lua e pela posição do Sol, as comunidades foram aprendendo a cultivar os cereais, as frutas e os legumes, e descobrindo as formas de obter melhores colheitas. Observando os movimentos dos astros, as mudanças da Lua e as posições do Sol, as comunidades agrícolas utilizavam as festas como instrumento de marcação e, concomitantemente, celebravam o tempo de semear e o de colher. No tempo do semear, realizavam-se celebrações sagradas de oferenda aos deuses nas quais se pedia proteção e bom tempo para a plantação. No tempo do colher, os rituais eram com oferendas de agradecimento pelas boas colheitas.

Não se sabe exatamente quando aparecem as primeiras festas. Elas podem estar entre as manifestações de algumas civilizações antigas há mais de dez mil anos. Notam-se, por exemplo, entre as civilizações da Mesoamérica, sobretudo na região onde se situa hoje a Guatemala e o México, a domesticação e o cultivo da abóbora e do feijão e, depois, do algodão, desde 6500 a.C. (cf. Soustelle, 1979). As anotações arqueológicas dessa região mostram que a domesticação e o cultivo regular do milho ocorrem desde 5000 a. C.(ibidem), possibilitando um modo de vida e o crescimento da população. Dentre esses povos estão os olmecas, que se alimentavam da caça, da mandioca, da abóbora, do feijão e do milho. O cultivo do arroz era realizado na região da África entre 6000 e 5000 a.C., e na China a partir de 4000 a.C. Mas a

FIGURA 3 – *Sun forever* (gravura de Louise Deletange, s.d.).

domesticação e o cultivo do trigo estão presentes na vida dos povos da região da Palestina, da Jordânia e do Irã desde os anos 8000 a 8500 a.C.

A criação dos calendários

O processo de criação dos calendários e a organização do tempo são parte das experiências mais ricas da civilização. A busca de referências do tempo, que também foi a do domínio das manifestações da natureza, sempre esteve presente entre as preocupações dos povos das civilizações antigas. Os movimentos dos astros e as posições do Sol e da Lua foram acompanhados durante muito tempo pelos diferentes povos, para a compreensão e criação de referências do tempo. Um olhar atento sobre os calendários antigos pode nos mostrar que cada povo criou seus calendários acompanhando os ritmos da natureza. Cada um deles, desde os egípcios e os babilônios, e também os muçulmanos, árabes, chineses, japoneses e judeus, utilizou-se dos conhecimentos dos astros, observando o movimento regular da Lua e do Sol, as mudanças climáticas e seus efeitos sobre a natureza. Dominavam o ciclo das estações do ano e dos trabalhos agrícolas pela observação das mudanças dos astros, sobretudo a Lua e a influência que ela tinha sobre a Terra quando recebia maior ou menor energia solar.

As civilizações da América Central, por exemplo, são famosas pela riqueza de seus conhecimentos, desde os olmecas no século VII a.C. e os maias. Os maias antigos tinham uma conta ideal de um período de treze *baktunes* ou 5.125,3661 anos trópicos. O período de treze *baktunes* terminará em 23 de dezembro de 2012 e pode ter começado em 13 de agosto de 3114 a.C. A Roda calendárica dos maias, por exemplo, é um sistema vigesimal, baseado no número dos dedos, correspondendo a um mês, *uinal*, e na *conta larga*, um ano civil com dezoito unidades, resultando em 360 dias.

FIGURA 4 – *Roda calendárica maia* (Instituto Nacional de Antropologia e História, México. Ilustração de Malena Juarez).

Como os maias conheciam com bastante aproximação a duração exata do ano trópico, é muito provável que tenham computado a diferença entre essa duração calculada e a do ano civil de 365 dias, e, com isso, tenham efetuado um ajuste periódico.

Nota-se, na realidade, uma riqueza de calendário nessas civilizações mesoamericanas que pode ser explicada pela necessidade de compreender o tempo, que se tornou tão fundamental quanto a sobrevivência ou a continuidade da vida. Recorre-se até a uma expressão de um poeta para ilustrar esse fenômeno: "os que têm o poder de contar os dias têm o direito de falar aos deuses" (cf. Fuentes, 2001). Os astrônomos maias também estabeleceram um calendário solar, simbolizado por uma pirâmide, com nove terraços representando os céus e quatro calçadas representando os pontos cardeais. Cada escada tem 91 degraus, num total de 364, e o último degrau, o 365. O Templo do Sol construído em Teotihuacán, por exemplo, desde o século IV a.c., mostra também esses cálculos dos maias e dos toltecas. No dia do solstício de verão, o Sol se põe sobre a fachada principal do Templo do Sol (cf. Aveni, 2000). O Quetzalcóatl, representado por uma serpente emplumada, sintetiza em suas diversas lendas o princípio moral de criação da vida, e, por isso, é considerado o criador da agricultura, da arte, da escultura etc.

Já os astecas criaram o calendário chamado Pedra do Sol, com vinte signos do calendário indígena. O calendário contém ainda as lendas e os mitos, ou o modo de interpretação do mundo, como é o caso desse calendário asteca, que pode ser visto na Figura 6, em forma de disco, baseado na lenda dos Cinco Sóis. No centro do disco, a imagem do Sol com a língua de fora representa o brilho do astro cercado por quatro

FIGURA 5 – Templo do Sol (Teotihuacán, México, foto do arquivo de Itani, 2001).

FIGURA 6 – Pedra do Sol (Museu Nacional de Antropologia, México – foto de Marco Antonio Pacheco).

figuras. Acreditava-se que o mundo havia sido criado várias vezes e cada uma dessas figuras representa direções, ou as cinco criações do mundo. A primeira figura à direita indica o primeiro Sol, destruído por um jaguar. Na sequência, o segundo Sol, destruído por ventos ferozes, o terceiro por uma chuva e o quarto por um dilúvio. O quinto Sol, representativo daquele momento presente, nasceu do sacrifício dos deuses. Da mesma maneira, acreditava-se que o Sol continuaria brilhando e, portanto, a vida seria mantida apenas se homens e mulheres fossem sacrificados em oferecimento aos deuses. Por isso, os sacrifícios eram realizados para manter a aldeia, a família e a boa colheita (cf. Fuentes, 2001).

Esses diversos calendários explicam o espanto dos espanhóis diante da cultura da Mesoamérica no período da invasão espanhola. Sabe-se, por exemplo, que Fernão Cortez encontrou 21 calendários vigentes no México nos séculos XV e XVI, além dos quatro calendários que já não estavam em uso, como o dos olmecas, o de Teotihuacán, o de Yucuñudahui e o dos toltecas (cf. Tena, 2000).

Em geral, com numerosas variações, os calendários apresentavam uma contagem representando esses movimentos com as manifestações na natureza. A divisão do tempo, em equinócios e solstícios, é resultado dos cálculos matemáticos sobre esses conhecimentos e sobretudo associados a eventos míticos. Um ano civil é montado em dois equinócios, o da Primavera e o do Outono, e dois solstícios, o do Verão e o do Inverno, que se constituem como a divisão mais importante para a maior parte dos povos, porque são eventos que marcam também os ciclos sazonais do trabalho agrícola. A entrada de cada equinócio e cada solstício é também um momento de celebração. Os tempos dos ciclos da Lua, que possibilitaram compor o mês, e dos ciclos da Terra, que passaram a representar o dia, possuem outra representação. Os astrônomos consideram 4713 a.c. como ponto de partida do cômputo do tempo histórico, o que significa que os calendários contam atualmente com quase sete mil anos. Mas cada povo foi fixando as datas de início de seus calendários baseados em eventos míticos e históricos, como a fundação de Roma, que inaugura o calendário romano, em 754 a.c.,[1] o nascimento de Buda, em 544 a.c., ou a fuga de Maomé no ano 622 que dá início ao calendário muçulmano.[2]

A história do calendário moderno, contudo, é também a história da dominação da civilização europeia, a partir da Idade Média, impulsionada sobretudo pela Igreja católica, que passa a organizar os ritos festivos. O domínio do tempo, representado pelo calendário, torna-se um instrumento de poder. Uma primeira manifestação disso pode ser verificada pelo estabelecimento, em 46 a.c., do calendário juliano. Júlio César sistematizou uma contagem utilizando os cálculos dos diversos calendários conhecidos. O primeiro dia do ano passava a ser o dia 1º de janeiro, e a cada quatro anos um dia a mais no segundo mês, o de fevereiro. Havia uma alternância dos meses com 31 dias – janeiro, março, maio, julho, agosto,

---

1 Definição da era cristã a partir do nascimento de Cristo, que é fixado no oitavo dia antes das calendas de janeiro do ano 753 a.c., e depois recuado em sete dias e fixado no primeiro dia de janeiro do ano de 754 de Roma. O cálculo de uma data anterior a Jesus Cristo é pensado somente a partir do século XVIII.

2 A fuga de Maomé de Meca para Medina em 16 de julho de 622, fato também chamado de Hégira. Os anos da Hégira são lunares, com doze meses de 29 ou 30 dias, totalizando 354 dias. O início do ano começa com a Lua nova, importante para os povos do deserto. No final de trinta anos inclui onze dias. O Ramadã começa no nono mês do ano lunar, na lua cheia. No século XIX foi adotado o calendário gregoriano.

outubro e dezembro – com os de 30 dias – abril, junho, setembro e novembro –, e um mês com 28 dias, fevereiro. Em razão de sua diferença, fevereiro era considerado um mês ruim, consagrado aos deuses dos mortos e destinado a suportar o aumento de um dia bissextil.

FIGURA 7 – Calendário indiano antigo com doze fichas (foto do arquivo de Itani, 2001).

FIGURA 8 – Setembro do Les trois riches heures (de Duc de Berry, 1412/ 1442, Museu Condée, Chantilly).

Seguem-se os cálculos dos movimentos dos astros no calendário juliano. Nele, o dia foi dividido em 24 horas, seguindo o movimento de rotação da Terra. O mês segue o movimento cíclico da Lua em torno da Terra, que leva em média 29 dias e meio. O ano foi estabelecido sobre o movimento da Terra em torno do Sol, que dura em média 365 dias e 6 horas. Um ano solar representa, assim, doze meses lunares e onze dias, em média. Entre a Idade Média e a Moderna, os poderes dos reis, padres e papas regulavam, assim, o tempo dos homens, definiam a seu modo a duração, como o ano, a semana, seguindo interesses econômicos e culturais. Nos primeiros dias dos meses romanos, as *calendas*, o papa convocava o povo para anunciar os dias feriados e fixar a data do vencimento das dívidas, consignada num *calendarium*.

O calendário que hoje seguimos foi estabelecido em 1582 pelo papa Gregório XIII. Conhecido também como calendário gregoriano, mantém a herança romana do calendário juliano, diferenciando-se no cálculo do período anterior à Páscoa, porque segue a contagem da Lua, durante nove semanas, e o resto do ano segue a contagem do Sol. Mas esse calendário não foi facilmente aceito, tendo gerado duplo debate: um sobre a contagem do tempo e, outro, anterior, sobre o ano zero criado com a instauração da era cristã a partir do nascimento de Cristo. Para os cronologistas, por exemplo, não são admissíveis nem o ano zero nem a contagem anterior a zero, ou antes de Cristo, uma vez que um fato que se deu em 54 a.C. ocorre em 54 a.C. Já os astrônomos admitem a realidade matemática, porém consideram as divergências sobre a precisão dos cálculos. A duração exata do ano é de 365 dias, 5 horas, 48 minutos e 47 segundos, que é o tempo em que a Terra dá uma volta completa ao redor do Sol e, por isso, a cada quatro anos é incluído um dia, resultando no ano bissexto.[3]

As unidades atuais dos calendários são em dias, semanas e meses. Manteve-se em vários idiomas o agrupamento das semanas em sete dias baseadas na contagem antiga, sobre as fases da Lua e nos sete astros que podiam ser vistos no céu pelos antigos, como o Sol, a Lua, Mercúrio, Vênus, Marte, Júpiter e Saturno. Para as fases da Lua, são sete dias entre a quarto crescente e a cheia. E os dias da semana foram denominados em razão dos nomes desses astros. Os anglo-saxões adotaram os deuses planetas oriundos da mitologia nórdica: Sun, Moon, Tiw, Woden, Thor, Freya, Saturn. Na língua portuguesa, seguiu-se o latim eclesiástico da Roma cristã, que anulou os deuses pagãos do calendário, criando as feiras, *prima feria, secunda feria, tertia feria*, e assim por diante, até *sabath*.

---

3 Pela discussão entre os astrônomos, há um outro erro na contagem do ano solar, que seria de 26,9 segundos por ano e não 47, o que significa que no ano 4909 estaremos um dia inteiro adiantados.

O dia do senhor, *dominicum*, passa a substituir o primeiro dia, eliminando a *prima feria*.

Astros	Português	Espanhol	Francês	Inglês	Italiano
Sol	Domingo	Domingo	Dimanche	Sunday	Domenica
Lua	Segunda-feira	Lunes	Lundi	Monday	Lunedì
Marte	Terça-feira	Martes	Mardi	Tuesday	Martedì
Mercúrio	Quarta-feira	Miércoles	Mercredi	Wednesday	Mercoledì
Júpiter	Quinta-feira	Jueves	Jeudi	Thursday	Giovedì
Vênus	Sexta-feira	Viernes	Vendredi	Friday	Venerdì
Saturno	Sábado	Sábado	Samedi	Saturday	Sabato

A denominação dos meses segue a contagem do calendário romano, que tinha, inicialmente, dez meses: Martius, Aprilis, Maius, Junius, Quintilis, Sextilis, September, October, November, December. Depois foram acrescidos dois meses – Januarius e Februarius –, posteriormente foram eliminados Quintilis e Sextilis para homenagear os imperadores romanos Júlio César e Augustus, perdendo, assim, o sentido original da sequência das denominações.

A imposição de um calendário universal quebra sobretudo a conexão entre tempo e espaço e rompe os significados originais dos ritos pagãos da colheita. Algumas festas cristãs são comemoradas em datas variáveis e outras em datas fixas. Mas a maior parte das comemorações estabelecidas por esse calendário nos países do Hemisfério Sul não coincide com suas estações do ano nem com seus ciclos sazonais agrícolas. Por exemplo, a Páscoa, uma festa essencialmente da Primavera, é festejada nos países do Hemisfério Sul no Outono. O Natal e o Carnaval, que derivam das festas do Inverno, estão fixadas no Verão do Hemisfério Sul.

FIGURA 9 – Pintura egípcia retratando cenas cotidianas do trabalho agrícola (Túmulo de Menna, Tebas, XVIII dinastia).

Nem todos, contudo, seguem esse calendário. Muitos povos mantêm a tradição. Alguns ortodoxos seguem ainda o calendário juliano, no qual o ano começa em 13 de janeiro; outros seguem o calendário pagão, enquanto outros, ainda, como os muçulmanos, seguem seu calendário, o do ano lunar, em que o mês muda a cada nova Lua. Entre os povos do Oriente, como os chineses, o início do ano é comemorado no começo da Primavera e a contagem começa em 2697 a.C. No calendário judaico, manteve-se a contagem da datação desde a criação do homem, que seria no ano de 3760 a.c. Mesmo entre os europeus cristãos, outros calendários foram seguidos. Durante a Revolução Francesa, por exemplo, de 1796 a 1806, foi criado e estabelecido o calendário republicano (Figura 10), recuperando algumas datas antigas relacionadas ao ritmo da natureza. O calendário gregoriano passou a ser mais aceito somente a partir do século XVIII.[4]

Nota-se também que muitos calendários atualmente publicados já não possuem a indicação das luas. Ainda, o calendário agrícola não é mais de domínio da sociedade.

---

4 Foi inicialmente adotado somente nos países de tradição católica. Com as revoluções da sociedade moderna, especialmente a partir do século XVIII, surge a necessidade de um calendário único. A Grã-Bretanha adotou-o somente a partir de 1752, sobretudo com a Revolução Industrial, enquanto o Japão o fez em 1873, mas também mantendo o anterior. A Rússia adotou o calendário único somente em 1923, e a China, em 1949, com a Revolução Chinesa.

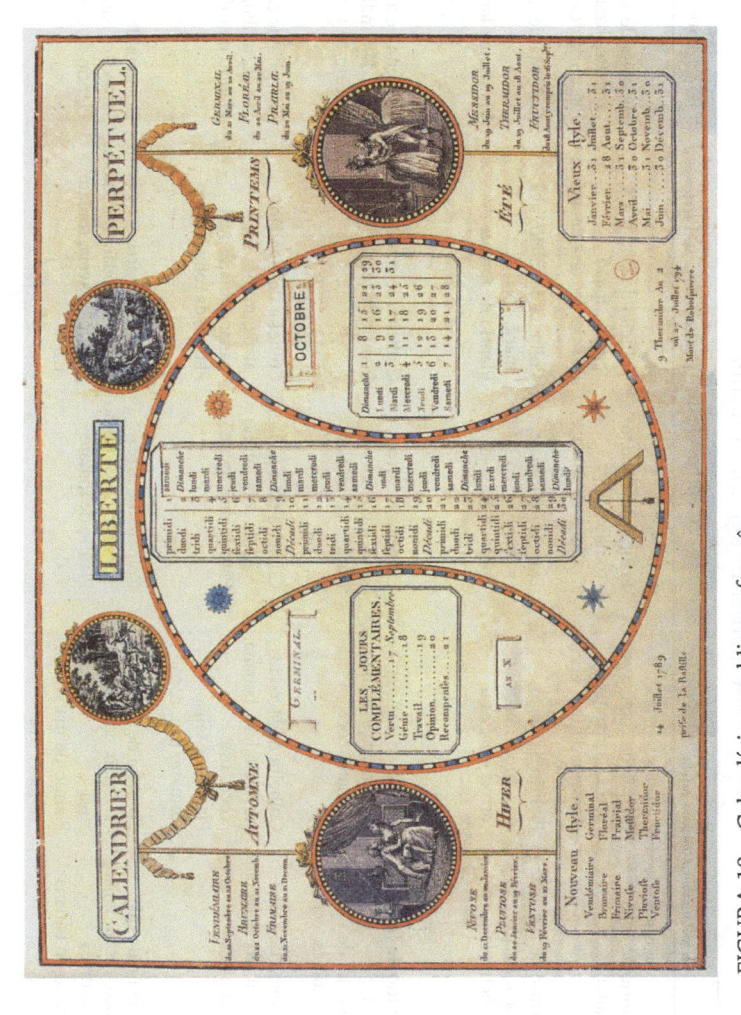

FIGURA 10 – Calendário republicano francês.

Calendário agrícola brasileiro

	Norte	Nordeste	Centro-Oeste	Sul	Sudeste
Verão					
Janeiro	Plantio de coco, banana	Plantio de coco, uva, arroz, banana Colheita de uva, coco	Plantio de algodão, tomate Colheita de tomate	Colheita de uva, maçã, batata, feijão Plantio de cana-de-açúcar	Colheita de feijão, tomate, batata, uva Plantio de cana-de-açúcar
Fevereiro	Plantio de banana, coco, cacau Colheita de coco	Plantio de feijão, mandioca, banana, arroz, uva, caju	Plantio de tomate, sorgo Colheita de soja, tomate	Colheita de feijão, uva, maçã, soja Plantio de tomate	Colheita de feijão, soja, uva Plantio de laranja, tomate
Outono					
Março	Plantio de banana, cacau Colheita de mandioca, coco	Plantio de feijão, banana, caju, mandioca, tomate, coco	Colheita de arroz, soja, algodão Plantio de tomate	Colheita de arroz Plantio de tomate	Colheita de arroz, algodão, milho, tomate Plantio de tomate
Abril	Colheita de café, cacau, coco, banana, mandioca	Colheita de algodão, arroz, feijão, banana, coco, uva Plantio de feijão, tomate, uva, coco	Colheita de algodão, arroz, soja, milho Plantio de tomate	Colheita de algodão, arroz, milho, soja, banana, maçã, uva Plantio de tomate, uva	Colheita de café, algodão, arroz, milho, soja, banana Plantio de café, tomate, uva
Maio	Colheita de café, coco, cacau, feijão, mandioca Plantio de banana	Colheita de arroz, algodão, cacau, feijão, uva Plantio de mandioca, tomate, uva	Colheita de arroz, algodão, soja, milho Plantio de tomate	Colheita de arroz, milho, algodão, mandioca Plantio de aveia, tomate, trigo	Colheita de milho, algodão, banana, café Plantio de uva, tomate

continuação

	Região 1	Região 2	Região 3	Região 4	Região 5
Inverno					
Junho	Colheita de cacau, café, coco, banana, cacau	Colheita de algodão, arroz	Colheita de tomate, algodão, mandioca, milho	Colheita de banana, cana-de-açúcar, trigo	Colheita de algodão, milho
Julho	Colheita de banana, abacaxi, coco Plantio de mandioca	Colheita de abacaxi, feijão, uva Plantio de cacau, uva, cacau, banana	Colheita de tomate	Colheita de cana-de-açúcar, banana Plantio de trigo, maçã, uva	Colheita de banana, tomate, cana-de-açúcar Plantio de abacaxi, feijão, tomate
Agosto	Colheita de abacaxi, banana, cacau	Colheita de banana, coco, tomate, uva	Colheita de tomate	Plantio de batata	Colheita de cana-de-açúcar
Primavera					
Setembro	Colheita de coco, mandioca	Colheita de abacaxi, tomate, coco		Colheita de banana, trigo, tomate	Colheita de banana, laranja, tomate
Outubro	Colheita de guaraná, coco, abacaxi	Colheita de abacaxi, coco, uva, caju Plantio de mandioca, cana-de-açúcar, banana		Colheita de cana-de-açúcar, banana Plantio de feijão, arroz, soja	Colheita de laranja, tomate, banana Plantio de milho, cana-de-açúcar, arroz, tomate
Novembro	Colheita de cacau, coco	Colheita de cana-de-açúcar, banana, cacau, tomate	Plantio de arroz, algodão	Plantio de arroz, soja, tomate	Plantio de arroz, soja, tomate, feijão
Verão					
Dezembro	Colheita de coco Plantio de café, cacau, mandioca	Colheita de tomate, uva, caju Plantio de arroz, cacau		Colheita de batata, feijão Plantio de tomate, café	Colheita de feijão, abacaxi, tomate, uva Plantio de tomate, laranja, café

Fonte: *Almanaque do fazendeiro* – Consultoria Balthazar Costa.

FIGURA 11 – Calendário agrícola brasileiro por região (arquivo de Itani, 2000).

3
A festa como fato político

A festa aparece como uma necessidade do homem de apropriar-se do tempo no espaço, mas se transforma também num fato político, como criação retórica e legítima do homem. Em suas características, é retórica porque se insere como uma profanação do tempo do trabalho e da instituição social. Como celebração é sobretudo uma subversão do tempo do cotidiano, como se este fosse substituído por um momento do alegórico. Propicia o rompimento com o tempo do cotidiano, ao possibilitar a passagem do universo da monotonia da vida comum para o do simbólico.

É retórica porque faz parte de um discurso não verbal, de práticas coletivas construídas por grupos distintos ante os diferentes momentos de regulação da vida social. Numerosas tentativas foram feitas para anular os conhecimentos sobre a natureza, o domínio sobre o tempo e para eliminar as festividades pagãs e demais ritos não cristãos. A apropriação da contagem do tempo, a imposição da datação, a interdição das festas não cristãs e a santificação das festas fizeram parte das políticas moralizadoras da cristandade europeia.[1]

FIGURA 12 – Maracatu (foto de Eudice Barbosa, 2002).

---

1 As festas encontradas desde a Antiguidade até a sociedade rural do século XVIII, descritas por Thompson (1998).

As festas sazonais agrárias passaram a ter data certa. O calendário ritual da Igreja concentrava os eventos nos meses do trabalho mais leve, que recaía sobretudo no início do Inverno e da Primavera, como é o caso do Natal e da Páscoa. Contudo, as festas das aldeias europeias no século XVIII ocorriam no Verão e no Outono. Eram comemoradas logo após o fim da colheita como um calendário festivo emocional. A atividade sazonal agrária subsiste como o eixo das festas e manifestações populares (cf. Thompson, 1998, p.52). Essa festividade popular como comemoração das atividades agrícolas, com seus ritos pagãos e sagrados, as danças e músicas, brincadeiras e jogos, torna-se uma marca da resistência dessas comunidades e dos povos, difundindo-se, ainda, para as cidades e, enfim, por toda a sociedade.

Ela é legítima como uma prática costumeira de comemoração. Trata-se de uma festividade que delimita o tempo do trabalho daquele do não trabalho. É um costume comum que emerge como uma prática coletiva das comunidades de reapropriação de seu próprio tempo. E é justamente como parte da cultura desses povos que a maior parte dessas festas subsiste e se difunde ao longo dos tempos. Os povos mantêm suas festividades não apenas como parte de suas origens e de sua história, mas também da consciência de seus direitos e usos costumeiros (ibidem, p.89). Por isso, elas subsistem como parte do processo de transformação das sociedades, com bases em suas relações de produção e de seu processo de criação diante das condições novas que enfrentam, tanto religiosas como econômicas e climáticas.

Pode-se afirmar que as festas, como parte dos costumes, realizam a veiculação de imagens coletivas, não se constituindo em formulações abstratas dos significados nem na busca deles. Estão associadas e arraigadas a realidades materiais e sociais da vida e do trabalho. No entanto, as festas não derivam simplesmente dessas realidades; elas fornecem o contexto, preservando a necessidade da ação e de expressão coletivas, de sentimentos e emoções. É possível que a mobilidade geográfica e a crescente alfabetização tenham ampliado a gama dessas formas de desempenhos ritualísticos ou estilizados na recreação ou em formas de protesto. Na realidade, a forma como a festividade se mantém na cultura e subsiste pela transmissão oral, predominando sobre a escrita mesmo depois do surgimento da imprensa e do papel impresso, legitima-se pela prática e pelos seus praticantes. Ela é transmitida de geração para geração, tanto pela prática dos ritos como de experiências sociais e da sabedoria comum da coletividade – e de definição a cada momento de suas expectativas em relação a esse processo –, na qual o aprendizado não exige apenas que os adultos se habilitem na manufatura. Essa cultura é, portanto, situada no lugar material que lhe corresponde.

Percebe-se o processo de mudança também no repertório das festas. Até a Idade Média havia estreita relação entre a cerimônia sagrada comunitária e as brincadeiras que compunham o rito essencial. Os jogos e as cantigas de roda eram parte do repertório dos ritos nas cerimônias sagradas com funções sociais nas comunidades pagãs. Isso começa a mudar de significado a partir da Idade Moderna, passando a ser também parte do repertório das brincadeiras infantis (Ariés, 1981, p.89). O mesmo ocorre com os brinquedos, como o papa-vento e o cavalo de pau. A boneca, por exemplo, era um presente muito apreciado, dado às mulheres e também aos meninos (ibidem, p.94). Com a emergência do indivíduo

FIGURA 13 – O combate entre o Carnaval e a Quaresma (Pieter Bruegel, 1559, óleo sobre tela, 118 x 164,5 cm – Museu de Viena).

como figura reconhecida pela sociedade, desenvolve-se também a noção da criança como figura diferenciada do mundo adulto (cf. Ariès, 1981; Elias, 1994). Os brinquedos passaram, então, a ser parte do mundo infantil. O teatro, também parte das cerimônias, composto pela poesia, música e dança, transformou-se em novas formas de expressão. Seu simbolismo sagrado foi desmembrado e ele se tornou também parte das festividades infantis.

É fato que as brincadeiras e os jogos se mantiveram, ao longo do tempo, nos rituais festivos das manifestações coletivas. Contudo, a forma de comemoração nessas festas, em que participam crianças, jovens e adultos em pé de igualdade (cf. Ariès, 1981, p.94), mostra, ao mesmo tempo, a criação e renovação das brincadeiras e dos jogos dos ritos. A comunidade sobrepõe-se ao indivíduo, sem diferenciação entre famílias, crianças, adultos e velhos..O uso de máscaras permanece presente em todas as festas juntamente com a música e a dança, mesmo que tenha sido fragmentado do teatro. Nota-se que o costume da utilização de máscaras e adornos se mantém em alguns rituais festivos. Em determinados lugares, o sentido era espantar os maus espíritos, reificando os fantoches, os quais se acredita serem dotados de poderes ameaçadores, capazes de causar medo aos espíritos maléficos.

Na realidade, as máscaras são utilizadas para novas e diferentes funções, entre outras a de esconder para melhor demonstrar, a de dizer o indizível, a de exibir o invisível, a de revelar o secreto, a de fazer troças à pressão social. À máscara é atribuído um poder incomensurável: pode ir do assimilar o homem aos deuses, o de preservar a juventude, o de facilitar a iniciação e os ritos de passagem, como o de fazer avançar o tempo e o de assegurar sua regeneração. Por isso, a máscara fascina, tanto pelo seu caráter eterno como pelo seu lado subversivo. Fascina também como metafísica da presença pela representação, na medida em que ajuda a atravessar as fronteiras da aparência para ascender tanto ao real como ao divino. Seu fascínio, ainda, explica-se pelo fato de colocar em cena a ambiguidade da *persona* social, papel que se fabrica a cada manhã e permite a identidade flutuante de ser e fugir das realidades pesadas e derrisórias (cf. Sike, 1998). Se as máscaras parecem semelhantes entre si pelo que contam, pela transmissão de modos e costumes, também podem possibilitar aos homens chegar ao mito, invocando o eu transfigurado, identificando-se a personagens, desafiando o Inverno e celebrando a Primavera. Em razão de as manifestações de cada povo se diferenciarem, em cada período, as máscaras e os adornos assumem expressões típicas, com símbolos e códigos específicos.

É interessante observar alguns costumes que se conservam em muitos lugares, como o das crianças que vão de casa em casa cantando músicas, com o intuito de levar a prosperidade para as pessoas, e em troca receberem doces e guloseimas. Acredita-se que se nenhum oferecimento for feito a essas crianças, pode-se atrair má sorte. Em certos lugares essa prática, no entanto, é realizada no Dia das Crianças, e em outros, no Dia de Ação de Graças, e, ainda, no Natal ou no Ano Novo. É importante ressaltar que em vários lugares, incluído o Brasil, ritos de comemoração, como os de fé coletivos louvados com dança e música, são realizados no espaço da Igreja (cf. Brandão, 1989), sem que tenham necessariamente fundamento religioso. Isso pode ser visto na representação cerimonial dos festejos populares no interior do país. As festas do Divino, por exemplo, iguais e semelhantes em diferentes regiões, podem ser também celebrações transfiguradas das irmandades dos negros, cujas festas foram outrora fortemente reprimidas. Exteriormente, parecem ritos religiosos, mas seus significados e conteúdos são bem diversificados. São manifestações produzidas em espaços públicos coletivos, que às vezes ocorrem também nas ruas e praças, ou em dependências de igrejas.

FIGURA 14 – Imagem da festa do Divino (foto de Maureen Basiliat, 1980).

Se as festas pagãs eram as de festividades de marcação do tempo e criação do calendário agrário, elas foram apropriadas, na Idade Média, tanto para afirmação da autoridade como para moldar as populações, numa aliança entre a Igreja católica e o Estado. É o caso das políticas moralizadoras europeias nas festas coloniais (cf. Del Priore, 1994), interferindo nas formas de sociabilidade e na economia psíquica da sociedade. O espetáculo festivo era também uma maneira de apaziguar possibilidades de reação à violência. As festas foram transformadas em conteúdos religiosos, de comemoração dos santos, e integradas ao calendário oficial, como o Natal, a Sexta-feira Santa, a Páscoa, o dia de São João, sobretudo nos lugares de dominação da Igreja católica. Contudo, verificam-se ricas composições das festividades em várias regiões do país, realizadas por diferentes grupos, os quais renovaram formas e adornos de rituais tradicionais. Outras festas emergem das festividades regionais, em que ritos antigos são recompostos com novos argumentos. Constituem exemplos: as congadas, o boi-bumbá, a cavalhada, cujos repertórios são formados tanto de ritos religiosos quanto dos herdados das diferentes civilizações indígenas e africanas.

Nota-se, assim, pelas práticas, que as normas dos ritos se reproduzem ao longo das gerações na atmosfera diversificada dos costumes. Entretanto, mesmo que os rituais festivos sejam transmitidos com vigor, não devem ser compreendidos unicamente como uma cultura tradicional, proclamada pela Igreja e pelas autoridades. Em suas características, refletem uma cultura de resistência às imposições dos governantes, das elites dominantes de cada época, da Igreja e mesmo das inovações modernas da economia. Nesse aspecto, podem ser compreendidos como parte da cultura popular e, por isso, rebeldes, sustentando-se na defesa de seus costumes. O sentido de tradição cultural, mesmo não sendo muito exato, é sobretudo manifestação de uma criação coletiva, legitimada pela prática e pelo uso de novos significados, a tal ponto que os ritos podem ser reclamados como privilégios e direitos (cf. Thompson, 1998).

Na cultura dos trabalhadores, a festa é considerada um direito pelos usos costumeiros (ibidem). Alguns desses costumes, de criação recente, representam reivindicações de novos direitos. O conteúdo das festas aparece transformado não só pela emergência da sociedade moderna, resultado da decomposição dos ritos sagrados da comunidade, mas também pelo declínio da magia, da feitiçaria e da superstição. Por conseguinte, ele se manifesta de outra forma não para reformar sua cultura, mas como atitude de resistência, como que de teimosia, segundo normas de uso, costume como direito de uso e prática no tempo que se torna um privilégio – espécie de retórica da legitimação do uso e da prática.

Isso mostra que, longe de exibir a permanência sugerida pela palavra tradição, o costume é um campo para a mudança, uma arena na qual interesses opostos apresentam reivindicações conflitantes. Uma cultura pode ser um sistema de atitudes, valores e significados compartilhados e as formas simbólicas em que se acham incorporados. Ademais, é um conjunto de diferentes recursos em que há sempre uma troca entre o escrito e o oral, o dominante e o subordinado, a aldeia e a metrópole. É, portanto, uma arena de elementos conflitivos que unicamente sob uma pressão imperiosa assume a forma de um sistema cultural (ibidem, p.17).

A festividade não se inscreve, dessa maneira, somente como parte da tradição, tampouco como parte do termo genérico de cultura popular. Sua extensão é mais ampla, porque se perpetua como forma de resistência a limites e ao controle impostos por governantes e culturas tradicionais. Ela é resultado de confrontos e negociações entre classes. Situa-se como um equilíbrio de relações sociais, um ambiente de trabalho de exploração e de resistência à exploração, de relações de poder mascarado pelos ritos do paternalismo e da deferência.

A festa é igualmente, dessa perspectiva, um fato político, uma vez que constitui uma herança importante de definições e expectativas marcadas pelo costume. E as comemorações servem para cada povo recolocar no presente alguns eventos e acontecimentos que compõem a memória e a refazem constante e coletivamente. São festividades realizadas com a mesma intenção dos ritos sagrados pagãos, de necessidade e busca por proteção contra intempéries e riscos da natureza, como a tempestade. A cada período da história, e em cada lugar, os povos comemoram por meio de seus ritos oferendas por melhores colheitas e por busca de proteção contra a guerra, a peste e a fome. Assim sendo, a festa é uma manifestação coletiva, uma reafirmação constante da esperança do homem pela paz e prosperidade.

Se o calendário universal rompeu com a unidade espaço e tempo e com o significado original dos ritos pagãos, as festas se mantêm como práticas populares de apropriação do tempo, profano ou sagrado. Elas representam igualmente a apropriação do espaço. O lugar da festa, seja na rua seja nas casas ou nas praças, passa a ser o território do lúdico, do alegórico, e por intermédio desse rito coletivo torna público o domínio do espaço, soleniza a passagem do tempo e celebra a memória. A festa, em razão de seu valor político, conserva os traços do simbolismo presente na memória, assinalando a transmissão dos costumes dos povos como forma de resistência, de reivindicação de seus direitos (cf. Thompson, 1998) e da extensão destes como criação constante de novos tipos de domínio em relação à prática festiva profana ou sagrada.

Assim, as festas do calendário atual podem ser apresentadas em três blocos. O primeiro, o do calendário agrário seguindo as estações do ano e cuja origem está na datação das atividades diferenciadas ao longo do ano como a colheita, o pastoreio etc. Esse é o conteúdo mais importante das festividades realizadas até hoje pelos diferentes povos. As festas do final do Inverno, do início da Primavera e da colheita, por exemplo, perduram até os nossos dias, de diversas formas em vários países. O segundo bloco é o do calendário litúrgico, das festas religiosas estabelecidas pela Igreja apropriando-se das festividades do calendário agrário. O terceiro bloco é do calendário político, seguindo as datas de comemoração de eventos que marcam as sociedades, como os da comemoração da Independência do país, da proclamação da República, entre outros.

4
As festas do calendário

As festas do calendário brasileiro podem ser compreendidas em três blocos: agrário, litúrgico e político. Elas são resultado de um processo de deslocamento, de dessacralização, como também de transformação e de recomposição sob novas formas. De um lado, o estabelecimento do calendário universal e a influência da religiosidade europeia durante o período da colonização deslocaram festividades de seu espaço e tempo, fragmentando alguns desses blocos. As festas do Inverno do Hemisfério Norte, por exemplo, são transferidas para o Hemisfério Sul no mesmo período, quando a estação do ano é o Verão. De outro lado, as festas foram apropriadas em momentos e lugares diferentes, criando-se outros conteúdos. Assim, as festas, notadamente as incluídas no calendário escolar, são apresentadas por estação do ano da maneira que foram originadas, conservando certos aspectos de festividades presentes em algumas partes do mundo.

Festas da Primavera

A Primavera tem um significado especial para todos os povos. Ela representa o renascimento da vegetação que novamente desponta. A comemoração do equinócio da Primavera é encontrada entre vários povos, desde as civilizações antigas, que realizavam celebrações sagradas de louvação à natureza, para que as plantas brotassem novamente e florescessem. Na Antiguidade, a festividade da Primavera era dedicada a um período de veneração e de celebração dos deuses pagãos ligados à vegetação, como Adonai na Síria, Attis na Ásia Menor, e Dioniso na Grécia. Celebrava-se o nascimento ou renascimento da humanidade com o rito das luzes – realçado pelo simbolismo do fogo, a luz.

Universalmente, essa festividade continua com esse sentido de comemoração do novo, da esperança e, do mesmo modo, da fecundidade, em especial relacionada com a natureza. Na Tailândia, na Primavera é também comemorada a passagem para o Ano Novo. Na China, festeja-se durante quinze dias a entrada do Ano Novo, no calendário lunar chinês, geralmente na Lua nova. Revestidas do mesmo significado, tais comemorações da Primavera são dedicadas às crianças em muitos lugares. No Japão, por exemplo, há muito é solenizada na Primavera. Em toda a Ásia, à figura do dragão é atribuído o poder de conceder longevidade, prosperidade, força para enfrentar maus espíritos e males em geral, além de proteção à plantação e às crianças. O desfile do dragão ainda é muito conhecido nos ritos da Primavera. Os papa-ventos são confeccionados com desenhos de monstros, normalmente cervos-voadores.

Na Europa Central, a comemoração da Primavera é atualmente realizada na segunda-feira após a Páscoa. Sua procedência se liga às antigas festividades e os festejos têm como objetivo anular as forças maléficas do Inverno. A partir do século XVI, especialmente, essas festas começaram a contar com a presença de crianças (cf. Ariès, 1981). De porta em porta, elas percorriam a aldeia carregando cestas com flores e frutas e desejavam votos de felicidade aos moradores, que em troca os presenteavam com comida e doces. Com essa coleta realizavam-se as festas da juventude, nas quais as crianças eram enfeitadas com coroas de flores e frutas. No dia, plantava-se uma árvore, geralmente no centro do vilarejo, simbolizando a louvação ao renascimento da vegetação.

Em algumas regiões agrícolas europeias, no interior da Inglaterra, por exemplo, festejava-se a entrada da Primavera no dia 1º de maio. As crianças e os habitantes da cidade reuniam-se, cantavam e dançavam, ornamentados de flores, sobretudo as meninas, que levavam uma coroa de flores na cabeça (cf. Figura 15). Nesses festejos era realizada a dança do pau de fita. Em torno de um mastro pintado de listras vermelhas e brancas, as crianças cantavam e dançavam segurando uma fita colorida. No final da dança, o mastro ficava ornamentado com um desenho de fitas coloridas.

A festa de maio era uma das mais populares e evocada pelos artistas europeus, inspirando numerosas pinturas, tapeçarias e gravuras, como a *Primavera* de Botticelli, em que se destacam enfeites de flores.

Páscoa

Comemoração originária das festas da Primavera, a Páscoa era uma das festas mais comemoradas no início da Idade

FIGURA 15 – Menina enfeitada com coroa de flores nas festividades de 1º de maio (foto Kindersley, 1998).

FIGURA 16 – *Primavera* (de Sandro Botticelli, 1482 – Têmpera sobre madeira, 203 x 314 cm, Galleria degli Uffizi, Florença).

Média, sendo celebrada por uma semana desde o século II. Foi apropriada pelos cristãos para celebrar a ressurreição de Cristo, no primeiro domingo depois da Lua cheia do equinócio da Primavera. A datação de comemoração da Páscoa cristã aparece no ano 325, no Primeiro Concílio de Niceia, como uma data móvel, podendo se dar entre 22 de março e 25 de abril, de acordo com o calendário gregoriano. A comemoração da Páscoa é o evento decisivo que estabelece o calendário gregoriano, com o qual a Europa cristã afirma seu domínio do tempo sobre outras culturas.

Nessa festividade, o ovo é usado como o símbolo da vida e da eternidade. A simbologia conferida ao ovo é muito antiga e pode ser verificada já nos túmulos pré-históricos construídos em argila e em outras numerosas tradições. Nos mitos de criação, desempenha a ideia do começo, como o microcosmo que recebe em seu interior todo o mistério da existência (cf. Syke, 1998). Do mesmo modo, evidenciava-se sua presença nos ritos sagrados das tradições da Antiguidade e, posteriormente, nos costumes religiosos. Na China, desde os primórdios era uma oferenda na festa da Primavera, significando fecundidade e renovação, sendo também utilizado tradicionalmente como oferenda aos deuses nos templos. Na Nova Zelândia, entre os povos maoris, há o costume de depositar um ovo na mão dos defuntos antes de enterrá-los, com a finalidade de desejar-lhes uma passagem mais tranquila para um novo episódio da vida.

O costume de oferecer ovos no período da Páscoa, cozidos, decorados ou embrulhados, está igualmente associado às oferendas à divindade pagã da Primavera e da fecundidade. Como o Inverno era um período difícil para a produção – frio, escuro, sombrio –, particularmente nos países do He-

FIGURA 17 – Costume de ofertar ovos (foto do arquivo de Itani, 2002).

misfério Norte, a Primavera assumia importância crucial no calendário pagão. Por isso, era e é sempre festejada como o fim do Inverno – o término da estação magra. Dessa maneira, o ovo passou a representar o símbolo notório do renascimento da natureza.

O ovo pode ser considerado uma figura universal e ancestral, na medida em que aparece ao longo da história e das culturas, mesmo nas mais isoladas de todos os continentes. Entre elas, ressaltam-se a dos povos celtas, dos povos das ilhas do sudeste asiático, da Grécia, do Egito, do Tibete, da China e do Japão – em todas elas há a tradição comum de ele representar a vida. O ovo é o símbolo da vida por excelência. Sua forma arredondada fez dele uma das mais belas estruturas encontradas na natureza: é simétrica, convida à criação de variados motivos, desenhos e cores. Nas mais variadas culturas populares do mundo, existe a prática de decorar ovos com técnicas diversas.

O costume de oferecer ovos decorados com desenhos, pinturas, colagens e outros adereços se difundiu durante a Idade Média. Tal tradição se conserva no mundo todo e há registros de sua existência em vários momentos da história: no Egito, no século X; em Constantinopla, tanto na corte como entre o povo. No Ocidente foi propagada na época das Cruzadas e, já no século XII, verifica-se a bênção dos ovos nas cerimônias cristãs; desde o século XV, em várias regiões europeias essa prática existiu e permanece até hoje.

FIGURA 18 – Ovos decorados (foto do arquivo de Itani, 1999).

Os motivos e as decorações dos ovos variam conforme as regiões: os ucranianos e os checos, por exemplo, são pintados em *batik*, em cores intensas; os da Bavária e da Suíça, ornamentados com desenhos mais complexos; os poloneses, feitos de colagem de papéis coloridos.

Também ligada às primeiras colheitas da Primavera, a Páscoa judaica comemora a fuga dos hebreus do Egito há 35 séculos e a libertação da escravidão. Conta-se que, nessa fuga, os hebreus não tiveram tempo, antes de partir, de deixar o pão crescer no fermento, levando o pão sem fermento, de ázimo. A festa dos Ázimos, restrição ao pão fermentado durante uma semana, celebra o *Pessaceh* – a passagem – como a conquista da liberdade, do renascimento. Depois da cerimônia religiosa, há o *Seder*, quando se lê o *Haggada*, texto que conta essa passagem para as crianças, e segue o ritual da refeição, em que são servidos o pão ázimo com ervas, carne de carneiro e compota de maçãs com amêndoas e nozes, simbolizando a mortificação dos hebreus para fazer os tijolos durante o período da escravidão no Egito. Há ainda o costume de ofertar ovos, e, em muitos lugares, ovos fritos como símbolo da esperança.

No Oriente Médio e na África podem ser encontrados ovos de avestruz nas igrejas e mesquitas, simbolizando a bênção divina. Segundo um antigo costume dessas regiões, os avestruzes contemplavam os ovos até eclodirem, e os que fossem negligenciados ou não observados apodreciam ou eram derrubados (cf. Schneebeli-Morrell, 1998). Na história das religiões, verifica-se também o costume religioso de ofertar os ovos aos santuários de Ceres, deusa da agricultura, para obter seus favores e assegurar boa colheita.

A mesa da Páscoa transformou-se no símbolo da abundância com as massas, os bolos e as tortas confeccionados para esse dia. A confecção desses doces serve também para utilizar os ovos que foram guardados durante o período da Quaresma. Em alguns países europeus somente a segunda-feira após o domingo de Páscoa é feriado. As lendas recriadas são muitas. Nas lendas cristãs, os sinos da Páscoa partem de Roma e trazem doces para as crianças. Outras lendas contam que a lebre ou o coelho, que são conhecidos nos países europeus como animais noturnos, cúmplices da Lua, são investidos de poderes sobrenaturais e distribuem os presentes para as crianças. Também a raposa, o galo e a cegonha aparecem representados nesses eventos como símbolos do nascimento da humanidade: propiciadores de abundância e proliferação.

Considera-se que esse costume de pintar e oferecer ovos tenha sido trazido para o Brasil pelos europeus, notadamente alemães e italianos. Primeiramente para o sul do país, propagando-se depois para outras regiões. Nota-se esse costume entre descendentes italianos e alemães paulistas. Os ovos eram pintados com papel ou cozidos no chá, que com isso tornavam-se amarelados e prontos para serem desenhados ou tingidos com anilina.[1] Há até mesmo brincadeiras, como a que consiste em conseguir chegar primeiro a determinado lugar, com os pés presos num saco, levando em uma das mãos uma colher com um ovo. O jogo tem sua origem na cultura afegã e grega e nesses países a brincadeira consistia em fazer rolar os ovos, como uma bola de gude, num terreno plano, sem quebrar.

---

[1] Como é descrito entre os depoimentos dos costumes do início do século em Silva et al. (1989).

FIGURA 19 – Costume de pintar ovos em várias regiões do Brasil mostra-do em reportagens da revista *Veja* 1998/1999, e foto do arquivo de Itani, 2002.

O hábito de ofertar ovos de chocolate é bem recente. Mas não se verifica em todos os lugares. Na realidade, o chocolate confeccionado com cacau aparece entre as civilizações que habitaram a América Central, sobretudo os olmecas, há 1.500 anos a.c. O *chocolatl* ou *cacauhautl* era uma poção líquida – elaborada com as amêndoas e cascas de cacau moídas – servida como oferenda aos deuses. O cacau era uma planta selvagem que foi domesticada pelos olmecas e depois pelos maias, que descobriram nele propriedades energéticas, desenvolvendo uma bebida que desempenhava função mítica nos ritos.

Na maior parte de sua história – na qual revelam-se páginas de dominação e expropriação –, o chocolate foi ingerido na forma líquida. Os europeus apropriaram-se do conhecimento do cultivo do cacau e da fórmula de fazer o chocolate com as amêndoas do cacau já no século XVI, no decorrer da dominação espanhola na região do México e da Guatemala. As sementes de cacau eram empregadas como moedas de troca e também deslocadas pelos europeus para diferentes pontos do mundo, como África, Ásia e América do Sul. Nesse século, um livro escrito por dois ingleses, Sophie e Martin Cox, atesta o interesse pelo produto. Sua industrialização, primeiramente na forma de pó, foi desenvolvida por ingleses, holandeses e suíços – pelas empresas Cadbury's, Van Houten e Lindt –, passando depois ao consumo americano por meio dos pingos de chocolate de Hersheys. Apenas depois da Segunda Grande Guerra, notadamente nos anos 50, com a produção em barras e o consumo em massa, o costume de ofertar chocolate começou a ser introduzido na sociedade europeia. Mesmo assim, o ovo confeccionado em chocolate aparece bem mais recentemente, nas últimas décadas.

Dia das crianças

Em vários países, é realizada na Primavera a festa das crianças, especialmente no Oriente Médio e no Extremo Oriente. Em Hong Kong, por exemplo, a festa é celebrada em 29 de março; no Congo, em 8 de fevereiro; na Tunísia, em 2 de junho; na Turquia, em 23 de abril.

No Japão, a comemoração é festejada até mesmo em duas datas. A das meninas na Primavera, em 3 de março, quando se confeccionam bonecas que são oferecidas aos deuses. No interior das casas, são dispostas as bonecas – que representam a calma e a serenidade, simbolizando ao mesmo tempo a família imperial japonesa – para presentear as meninas no momento de seu nascimento. Confeccionam-se, ainda, doces embrulhados com folhas de cerejeiras, que são oferecidos às bonecas e, depois, aos visitantes. Acredita-se que as doenças e os males de uma pessoa podem ser transferidos para uma boneca. Cerimônias são realizadas nos templos e geralmente os pais dão bonecas aos deuses como parte desses ritos de purificação das filhas. Nas cidades litorâneas, essas bonecas são, ainda, ofertadas em embarcações em miniaturas confeccionadas para essas cerimônias e colocadas no mar.

A festa dos meninos acontece em 5 de maio, quando são confeccionados bandeirolas coloridas e papagaios de papel com desenhos de carpas. As bandeirolas representam a liberdade, e as carpas, a coragem e a tenacidade. Elas são penduradas em bambus ou árvores de todas as casas dos meninos, com uma disposição entre carpas maiores e menores, coloridas, que representam também a composição da família. A primeira carpa simboliza o pai; a segunda, a mãe; e a terceira, a criança. No interior das casas, os enfeites são de bonecos guerreiros que os meninos recebem de presente no nascimento. Nos ritos, os meninos são banhados em água perfumada de folhas de Íris, que se considera ter a propriedade de retirar a influência maléfica, protegendo-os contra doenças e tornando-os fortes. Também preparam-se doces cobertos em casca de bambu e folhas de carvalho que são entregues aos santuários, e, em seguida, aos convidados, juntamente com saquê.

FIGURA 20 – Bandeirolas representando carpas (foto de Kindersley, 1998).

Festa do Dia do Trabalho

A festa do Dia do Trabalho, em 1º de maio, foi recriada ao se comemorar a entrada da Primavera. Ela resulta da tradição do calendário agrário, quando eram iniciadas as atividades da plantação e a feitura dos contratos de trabalho. Somente a partir de 1866 o Dia do Trabalho passou a ser universalmente comemorado nesse dia e mês. Os operários de Chicago, ao retomarem as atividades de trabalho daquele ano, fizeram uma greve geral para lutar pela jornada de oito horas e sofreram um violento enfrentamento. Assim, em muitos lugares, a data é comemorada com triplo significado: pagão, referente ao calendário agrário; sagrado, de retomada do trabalho; e político, das lutas dos trabalhadores. Com isso, a festa do Dia do Trabalho pode ter símbolos diferentes, conforme o lugar. No costume francês, oferece-se uma flor, nesse dia, sobretudo a *muguet*, que floresce nessa época, e também são realizados atos políticos e comemorações dos trabalhadores.

Festas do Verão

As comemorações do solstício de Verão são marcadas sempre pela Festa do Sol. Elas aparecem já nas civilizações antigas como festas ao Deus Sol. A necessidade de Sol para a plantação e para a sobrevivência das aldeias fez que a entrada do Verão tivesse significados especiais, em particular nos países do Hemisfério Norte, onde o Inverno é mais rigoroso. Celebra-se o retorno do Sol que aparece, assim, como uma divindade, o Deus Sol, muito festejado por diversos povos. Entre os celtas, por exemplo, são muitos os ritos, solenizados com orações e oferendas, colocadas sobre o alto de um mastro, instalado no centro do local onde se realiza a festa, porque se acredita com isso poder alcançar os deuses.

A festa ao Deus Sol é também celebrada entre as civilizações antigas e nativas das Américas. Entre alguns dos guatemaltecos e sobretudo no Peru, por exemplo, a comemoração do Inti Raymi é muito conhecida. No Peru também é celebrado Tumi Chimu.

No México, é também conhecida a *Dança dos Voladores* como parte da celebração do Deus Sol. Trata-se de uma cerimônia ritualística na qual cinco homens sobem em um mastro de mais ou menos trinta metros de altura. O primeiro deles toca uma música no topo do mastro em reverência aos deuses. Os outros quatro homens, presos por uma corda, dançam e voam em torno do mastro por treze vezes, saudando o Sol. A cerimônia começa com a escolha da árvore, o corte e a montagem do mastro que dura duas semanas.

FIGURA 21 – Inti Raymi, divindade do Sol no Peru (desenho de David Izuka, 2003).

FIGURA 22 – Deus Timu Chimu.

FIGURA 23 – Dança dos voladores sobre o mastro (foto de L. Almendáriz/ arquivo de Enrique Hernández).

Atualmente, as festas do Verão são também conhecidas pelas Festas da Música, notadamente em muitas das regiões europeias e no Extremo Oriente. Músicos e cantores, profissionais e amadores, realizam espetáculos de músicas e danças pela cidade, nas ruas, nos parques e jardins.

A Festa da Música também está presente em várias regiões da América do Sul, no mês de junho. Nas regiões Norte e Nordeste do Brasil, são conhecidas as festas do bumba meu boi, maculelê, frevo e muitas outras danças e músicas regionais.

FIGURA 24 – Representação da Festa da Música (desenho de D. Thibault, 1996).

Festas juninas

Provenientes da Festa do Sol, as festas juninas são realizadas no solstício de Verão, no Hemisfério Norte. Nelas, o elemento simbólico mais forte é o fogo, ao qual é atribuído, em diversas partes do mundo, um poder sagrado. Desde sua origem, havia o costume de acender fogueira – elemento aglutinador e central dessas festas. E as crenças são numerosas. Para alguns povos, as chamas e a fumaça são protetoras; outros assam vegetais e animais de criação como parte das oferendas aos deuses; há os que fazem brincadeiras de pular a fogueira, como a de pisar sobre as brasas incandescentes, ou usam as cinzas para preservar as colheitas, espalhando-as depois de frias sobre os campos.

a

b

FIGURA 25 – Figuras presentes nas festas da música brasileira – a) fotos de André Lobo, Araquem Alcântara e outros, em reportagens das revistas *Veja* e *IstoÉ*; b) Boi-bumbá (desenho de David Izuka).

A comemoração com o ritual do fogo pode ser notada, por exemplo, dentre os costumes populares europeus nos séculos XVII e XVIII. Os habitantes da cidade ou do vilarejo reuniam-se em torno dessas fogueiras, dançavam e saltavam sobre elas. São facultadas à fogueira virtudes mágicas de purificação e de proteção contra males, doenças e maus espíritos. Quanto mais alto os festeiros conseguirem saltar sobre a fogueira, maiores serão as possibilidades de uma boa colheita (cf. Thompson, 1998).

Faz parte também dos costumes colher diferentes espécies de flores antes do amanhecer e montar uma coroa, assim como providenciar um chá e oferecê-lo aos deuses. Nos países nórdicos, a festa do verão é também a da vegetação, quando os jardins são cobertos de pequenos vasos, que são consagrados ao deus nórdico Freyr, como um culto à fecun-

FIGURA 26 – O rito da fogueira (desenho de David Izuka, 2003).

didade. Nos ritos, há também a dança ao som de violão e acordeão, quando as meninas se enfeitam com coroas de flores na cabeça. Entre os escandinavos, a vegetação é também festejada, ornando-se um tronco de árvore com folhas, flores, cascas de ovos e fitas coloridas.

As festas pagãs do solstício de Verão foram apropriadas pela Igreja católica e deslocadas para as datas de comemoração de Santo Antônio, São João Batista e São Pedro. No entanto, observa-se que essas festas santificadas foram recriadas como comemoração das colheitas.

Como era o tempo do Sol, o tom dominante destacava da alegria e o bom humor. Era igualmente o período em que os habitantes do campo e dos vilarejos aproveitavam para celebrar os casamentos, bem como as colheitas. Por isso, os bailes rurais franceses nesse período eram tão movimentados e passaram a inspirar, posteriormente, as danças de salão, nos vilarejos e nas cidades, e nas cortes. Dessa forma, a quadrilha parece ser originária desses bailes rurais franceses e, por isso, é chamada de *contredance française*, quando os pares dispunham-se formando a figura de quadrados. É por terem sido criados no campo que essas danças contêm os elementos da ponte, da cobra, do rio, da chuva etc. como parte da marcação de seu comando. Até hoje o casal de noivos mantém-se na alegoria da quadrilha. Nos países do Hemisfério Sul parece que sua influência derivou dos costumes religiosos dos portugueses e a elas foram somadas outras transformações. Mesmo sendo de cunho sagrado, são chamadas de festas juninas e acontecem no Inverno, nos dias mais curtos do ano.

No Brasil, são também comemorações do final da colheita, recriadas com elementos da cultura local, mantendo-se as características de festa da colheita. Podem ser encontra-

FIGURA 27 – Dança da quadrilha (foto do arquivo de Itani, 1999).

dos também alguns dos traços originais dos bailes das festas de Verão, como as quadrilhas. Porém, os costumes sertanejos foram transformados com músicas e danças regionais.

Em uma das modalidades, faz-se a dança do pau de fitas. Um mastro é içado com várias fitas coloridas. Em torno dele, mulheres seguram as fitas com a mão esquerda e os homens com a direita, fazendo um zigue-zague e formando, ao final, uma trança.

Elas não carregam unicamente valores religiosos, como mastros de santos, mas também os costumes do calendário agrário. Como o ano agrícola brasileiro, sobretudo no Sul do país, termina em junho, essas celebrações são também do fim da colheita. Essa recomposição da festividade religiosa – mescla do erudito com o popular – é analisada em vários estudos (cf., por exemplo, Câmara Cascudo, 1984; e Del Priore, 1994). Colocar produtos da colheita como milho, feijão e frutas no alto do mastro, por exemplo, é uma recriação das oferendas pagãs. O milho, sempre utilizado nessas festas – produto da civilização mesoamericana –, é colhido nesse período, entre março e junho em muitas regiões rurais. No interior baiano, em Cruz das Almas (cf. depoimentos de habitantes sobre essas festas), essa festa pode ser acompanhada da montagem do Patil, no qual se faz a ornamentação de árvores com cachos de amendoim, ou de espigas de milho, ou de cachos de uva, entre outros.

FIGURA 28 – Dança do pau de fitas (foto do arquivo de Itani, 1999).

O mastro pode ser utilizado com vários significados, seja para louvar São João, Santo Antônio ou São Pedro seja para também louvar os deuses da colheita, ou mesmo para homenagear os trabalhadores da terra. Pode ser verificado também o ritual popular de pendurar frutas e flores nas árvores – acredita-se que elas têm o poder de neutralizar raios e trovões (cf. Câmara Cascudo, 1984) –, produtos dos esforços do trabalho na terra, ao som de cantos. Por isso, busca-se também proteger as aves das pestes, jogando ovos aos pés das árvores.

As festas juninas podem ser verificadas atualmente em todo o país e comemoradas até pelos não cristãos. Mesmo as festas juninas nas quais se levanta o mastro, com a imagem de São João no topo, notadamente nas festas rurais, nem sempre são acompanhadas de rituais religiosos, mas consistem em uma festividade de regozijo da comunidade. Na realidade, essa é uma festa criada e apropriada, em diferentes formas, conforme os grupos sociais, produzindo cada qual seus significados e suas expressões. Nelas podem ser encontrados, por exemplo, repertórios de músicas e danças, como no caso do Brasil, por meio do frevo, do maculelê etc.

Os doces são derivados, normalmente, de produtos locais. Isso pode ser notado em muitos lugares no interior do país. Uma vez chegada a época da colheita, são consumidos com frequência nas festas produtos como o milho, a batata-doce, o inhame – geralmente assados na fogueira – e o café. Também são produzidos outros derivados de milho, como a pamonha, o curau e o bolo de milho ou fubá. Nas festas da Bahia, destaca-se na culinária o uso do coco e de seus derivados, como doces de coco diversos, cocada, que vem se difundindo pelo país juntamente com a canjica, o amendoim torrado, a paçoca e o pé de moleque. É também o tempo do preparo final da cachaça. Por isso, para esquentar o frio, ela está entre as bebidas preferidas, além do vinho quente e do quentão.

O sagrado e o religioso vão de par com o alegórico. Nos folguedos estão as brincadeiras do casamento, os fogos de artifício, os balões e o pau de sebo, que consiste em subir em uma árvore em que foi passada uma substância escorregadia. Também estão presentes as crenças sobre a fogueira e o pular a fogueira. A fogueira possui um lugar central nas festas do campo e nos vilarejos, sobretudo nos lugares mais frios. Em muitas regiões do país é realizada a cerimônia de bênção do acompadrinhamento durante o período das festas juninas. Os compadres pulam três vezes sobre a fogueira e isso representa um juramento de valor sagrado – esse ritual baseia-se na convicção de que o fogo possui a capacidade de trazer boa sorte. Essa comemoração, com todas as suas crenças e os seus significados e com a recomposição de seus objetos e produtos do lugar, também torna a celebração junina brasileira uma festa da colheita.

Festas do Outono

Uma das festas mais antigas da humanidade é a da colheita, realizada no equinócio de Outono. Os rituais festivos celebravam a abundância da colheita e eram também o agradecimento às divindades das colheitas, da Mãe Terra, em que eram feitas oferendas dos primeiros vegetais e cereais colhidos ou produtos obtidos nesse período, como animais. Em alguns países africanos, como o Tchad, bem como o Nepal, ainda oferecem-se animais nessas festividades. Em muitos lugares, as celebrações pagãs são notadamente ofertados aos deuses dos grãos. Entre as civilizações da América Central, desde olmecas, maias e astecas, por exemplo, a celebração era realizada à divindade do milho, *Centeotl*. Entre os romanos homenageava-se o deus Ceres – de onde derivou o termo cereal. Já entre os gregos, o deus Demétrio representava as colheitas e os grãos, e, no Egito, esse papel era conferido ao deus Renemoule.

Numa parte da China, celebram-se no Outono tanto o início como o final da colheita. No início é a vez da festa das tochas. Uma grande fogueira é acesa e queimam-se bandeiras como votos de abundância. No final da colheita é feita coletivamente uma comida e um baile reúne todos os que participaram do trabalho. Na festa de Tano, na Coreia, a comunidade homenageia, com danças e máscaras, a colheita de grãos na Primavera e, em outubro, a festa do arroz.

Em Montenegro, o início e o final da colheita são festejados. No princípio, com um fantoche de palha, representativo do deus da fecundidade, confeccionado para este fim. O rito simboliza a esperança de uma boa colheita. Ao final, do último corte da colheita são confeccionados buquês de cereais de trigo ou arroz, que são pendurados nas casas ou oferecidos como objetos que trazem felicidade. Esse costume pode ser constatado também em alguns países europeus ou norte-africanos.

Festas do Inverno

As festas do solstício do Inverno são celebradas em homenagem às luzes, sobretudo no Hemisfério Norte, onde o

Inverno mais forte ocorre entre dezembro e fevereiro. O culto pagão celebrado às divindades das luzes era também a súplica dos povos pelo retorno da nova estação. Buscavam-se formas de se opor ao frio e à natureza morta, pendurando-se um ramo de folhas nas portas das casas. Por isso, utilizava-se o pinheiro, a única árvore que sobrevivia no Inverno. Dentro das casas, os rituais eram realizados com ramos de folhas, pendurando algumas velas sobre esses ramos, como uma comemoração à vida. Os escandinavos também plantavam um pinheiro diante de suas casas para indicar o fim das tarefas agrícolas. Os romenos decoram ainda suas casas com folhas. Esses elementos dos costumes originais da festa do Inverno se mantêm em vários países com o mesmo significado.

FIGURA 29 – Adornos de folhas e frutos (desenho de David Izuka).

FIGURA 30 – Menina com coroa de folhas e velas na festa do Inverno (desenho de David Izuka).

Desde o estabelecimento do novo calendário, efetivado pelo papa Júlio César, no século IV, começaram a ser festejados os ritos cristãos em honra ao nascimento de Jesus, notadamente nos países europeus de tradição católica, neutralizando os festejos do Inverno pagão. Essa comemoração do Natal difundiu--se para algumas regiões do Hemisfério Sul com muitos dos símbolos das festas de Inverno e a composição dos ícones religiosos, mantendo-se como uma festa no interior das casas.

O Natal brasileiro possui influências de várias culturas. Conta-se que as primeiras dessas festividades foram trazidas pelos holandeses com alguns desses símbolos, recriados com novos ingredientes, conforme a região. O presépio, um costume preferencialmente português, foi também aqui difundido no período da colonização. Os alemães e os italianos ofereciam como presentes nessa época pequenos objetos em madeira representando casas mobiliadas, brinquedos, pessoas e animais. Esse costume influenciou tanto a forma de montagem de árvores em algumas regiões quanto a maneira de presentear.

Mas nem todas as regiões do Hemisfério Sul ou europeias comemoram o nascimento de Cristo ou fazem festa de Natal. Em muitas, persistiram as festividades pagãs, mesmo porque a data de nascimento do menino Jesus nunca foi satisfatoriamente reconhecida e sempre se manteve a discussão em torno dessa questão. Em alguns lugares verifica-se igualmente uma composição dessas festas sacras e pagãs. Na Suécia, por exemplo, no Inverno celebra-se a Festa da Luzes, *Lux*, na noite mais longa desse período, em 13 de dezembro. Santa Lúcia ou Santa Luzia é considerada a patrona das luzes, a mártir do século IV. Uma criança é escolhida para representá-la e comandar uma procissão com velas e uma coroa de folhas de azevinho, que simboliza a comemoração da vida durante o período de Inverno por ser uma planta que resiste a essa estação. Os pães, *lussekatter*, são confeccionados de variados formatos com uvas secas e aromatizados com açafrão e biscoitos de gengibre com figuras de animais (cf. Figura 30). São alimentos, grãos e frutas secas que se conservam no Inverno.

Na Europa Central festeja-se também o dia 6 de dezembro. As crianças deixam, na véspera, seus sapatos na janela, esperando que no dia seguinte São Nicolau, o santo das crianças, preencha-os com presentes – mas apenas as crianças obedientes são atendidas. São Nicolau tem uma longa barba branca, usa um casaco vermelho e chapéu de bispo e voa de casa em casa. Em algumas cidades, um adulto se fantasia de São Nicolau e distribui um saco de doces, chocolates, maçãs, cebolas e amendoim para as crianças. Aquelas não muito educadas recebem um pedaço de carvão, batata e cebola. Recebem também, como na Eslováquia, dois pequenos bonecos, um representando o diabo e outro São Nicolau. O objetivo é demonstrar o comportamento das crianças, ora levado ora gentil. Em muitos lugares faz-se o oferecimento de uma laranja, tida como uma fruta exótica e rara.

O Papai Noel foi também recriado nos Estados Unidos a partir da figura de Santa Claus dos europeus protestantes, que o difundiram no século XVII, durante a imigração. Lá o associaram a três qualidades do deus nórdico Odir: mágico, justiceiro, que distribui presentes aos pobres, e caçador selvagem, que sai nas noites de Inverno com seus equipamentos para essa atividade. Clement Moore o teria descrito pela primeira vez em 1822, num poema, e Thomas Nast o teria desenhado em 1860 à imagem desses deuses.

Já entre os judeus, comemora-se por oito dias em dezembro o Hanuka, que é também a Festa das Luzes. Um candelabro com oito braços é aceso com nove velas, para lembrar o milagre de retomada e purificação do Templo de Jerusalém há mais de dois mil anos. Cada vela representa uma das oito noites de Hanuka.

FIGURA 31 – Candelabro de nove velas.

A nona vela serve para acender as demais. Cada criança recebe, a cada noite, um presente. Muitos são embrulhados com papel azul e branco, cores da bandeira de Israel. Cada noite é acesa uma vela e são feitos doces com maçãs e um bolinho feito com batatas e cebolas, ovos e farinha, frito no óleo quente. Reza-se antes do ritual da refeição e a história do milagre é contada, o que normalmente é feito pelos avós. As crianças brincam com o jogo do *dreidl*, um pião de quatro faces, cada qual com uma inicial em hebreu, NGAC ou NGAP, traduzindo o grande milagre que se produziu em Israel. As crianças jogam o pião e os vencedores recebem moedas, geralmente de chocolate.

Carnaval

O final do Inverno também era tema de celebração nas festividades pagãs, buscando espantar os maus espíritos, evocar melhores dias, prosperidade e regozijar-se com o retorno da vegetação e de seu caráter de fecundidade. Em várias regiões passaram por diversas transformações e em seu lugar hoje é comemorado como Carnaval.

De celebração sagrada pagã do calendário agrário, ela passou a evocação da prosperidade na Idade Média, em que se festejava de maneiras diferenciadas o fim do Inverno. Muitas das festas continuam comemoradas como ritos, como uma louvação a uma estação mais próspera, em especial nas comunidades agrárias. Algumas das características são comuns, mostrando como essas festas mantiveram vários aspectos de suas origens. Por exemplo, na celebração desses ritos agrários louva-se a fecundidade da terra, e máscaras de animais amedrontadores são utilizadas nos ritos para afastar os espíritos maléficos do Inverno. Empregam-se com o mesmo fim gritos ou instrumentos de ruído, como sinos e tambores. Até mesmo vassouras são utilizadas para espantar esses maus espíritos.

FIGURA 32 – Máscaras representando animais (Catálogo Manebach, 1865, Bibliothèque des Arts Décoratifs, Paris).

FIGURA 33 – Casal camponês dançante (gravura de U. Graf, École Nationale Supérieure des Beaux Arts, Paris).

Essas festas agrárias, quando passaram a ser comemoradas na cidade, trouxeram muitas dessas características, mas com conteúdo mais alegórico. As fantasias e os cantos simbolizam também a renovação da Primavera e daí a ornamentação rica das vestes e dos adereços. Se ela tem finalidade de folguedo e de regozijo, assumiu também funções de apaziguamento. Pouco a pouco foi assumindo outras funções, entre elas a de protesto, como a da inversão social, passando a ter um conteúdo mais de transgressão da ordem, quando as figuras notáveis da sociedade da época eram objeto de crítica, sátira e zombaria.

Ademais, as festas encerram características de canalização das tensões, dos desejos e da loucura. Para isso, as máscaras deixam de ser sagradas, passando a ser utilizadas conforme uma manifestação de reivindicação.

FIGURA 34 – Carnaval em São João Del Rey (1979, foto do arquivo de Itani).

Por isso elas são uma manifestação essencialmente popular contra a instituição social vigente. Uma parte dessas manifestações remonta às festas dos Loucos na Idade Média, quando as inversões sociais eram permitidas, podendo-se zombar das autoridades. Nelas, o uso de máscaras e fantasias era parte dos costumes e permeava a liberdade, de modo que a alegria foi gradativamente sendo associada ao alegórico.

Outra prática nessas festas dos Loucos era adotar um produto da natureza como porta-felicidade – farinha e grãos de cereais eram jogados sobre as pessoas para lhes conferir boa fortuna. Para substituir esses apetrechos foi criado, em 1892, o *confetti*, no carnaval de Nice, empregando-se restos de papel picotado.

Em algumas regiões da Alemanha, esses festejos são celebrados entre fevereiro e março: a *Fasnet-Fasnacht*, por exemplo. As famílias saem para as ruas, tanto homens como mulheres, cantam e dançam, geralmente com máscaras. Há também os que apenas assistem ao desfile. Os mascarados param para conversar com os espectadores, desejando felicidades e também colocando na roupa das pessoas um pedaço de feno, o voto de prosperidade. Há um desfile de bruxas que é uma invenção mais recente. À meia-noite, a festa chega a seu ápice: acende-se uma grande fogueira na praça central da cidade ou do bairro, simbolizando a queima dos males do Inverno.

As festas do Carnaval foram também associadas à da mesa farta, remetendo a Dioniso ou Baco. No passado era comum servir uma sopa gorda com carne. Atualmente as tradições gastronômicas de cada país são apresentadas com variações de doces, tortas, massas e outros pratos.

FIGURAS 35 – Máscaras de Veneza (foto do arquivo de Itani, 1998).

FIGURA 36 – Loucos de Carnaval (gravura de Hondius, Bibliothèque Nationale, Paris).

Sobre essas festas, a Igreja impôs as datas religiosas como a Quaresma, o domingo, a segunda e, em particular, a terça-feira – também denominada Terça-Feira Gorda. O termo Carnaval é de origem recente, derivado do italiano *Carne Levare* (cf. Fabre, 1997), cujo significado é tirar a carne ou tirá-la dos menus e cardápios, evocando o período, que se segue, de restrições à carne.

O Carnaval no Brasil mantém a característica de ser uma festa de rua, essencialmente do verão. Foi recriado de elementos mais recorrentes das festas populares: a manifestação da liberdade e a transgressão. É a que melhor possibilita o rompimento com o tempo instituído, o tempo do trabalho, a cadência do cronômetro e o lugar. É o tempo em que se rompe com a regra, com a norma estabelecida, com a divisão sexual e de classe.

A máscara passa a ser usada como simbolismo da transgressão nas festas do Carnaval, sobretudo a partir da sociedade moderna, quando emerge o indivíduo como pessoa – como personagem. A máscara possibilita a mudança da imagem do rosto da pessoa, que pode viver nesses dias a faceta de outro personagem, permitindo o anonimato e favorecendo as atitudes da contraordem. Se até certa época os homens se vestiam de animais selvagens amedrontadores, agora o costume é alterar a ordem usando roupas femininas e exibindo tais atributos – são comuns cenas em que se ves-

FIGURA 37 – A comilança: detalhe de *Os sete pecados capitais* (J. Bosch, 1485, óleo sobre madeira, 120 x 150 cm, Museu do Prado, Madri).

tem de mulheres grávidas e até mesmo fazem paródia de parto. As fantasias permitem a transgressão dos tabus por meio do abandono momentâneo da identidade e da exploração de outras maneiras de ser, do rompimento dos limites e das normas.

FIGURA 38 – Momento das ruas durante carnaval em São João Del Rey (1979, foto do arquivo de Itani).

Atividades e técnicas para a sala de aula

Confecção de ovos decorados

A atividade de decoração dos ovos para serem ofertados é sempre muito rica de possibilidades, apresentando inúmeras vantagens no processo educativo. A criança aprende sobre a festividade da Páscoa com o significado do ovo nessa comemoração, representando a vida. Ela aprende a decorar, a partir de sua criação e de seu trabalho, além de aprender a obter e compor as cores e tintas, desenvolvendo, ao mesmo tempo, a habilidade em decorar empregando materiais diversos. A criança descobre, ainda, possibilidades de presentear as pessoas que estima com aquilo que ela própria pode fazer. Cultivar a ideia de ofertar seus ovos decorados é uma maneira de recuperar a alegria dessa festividade. E decorar os ovos sempre é, assim, uma festa em si tanto pela preparação coletiva quanto pela alegria proporcionada.

Descrevem-se aqui algumas das técnicas para trabalhar na decoração de ovos. Algumas dessas atividades são fáceis, outras mais elaboradas, mas todas podem ser realizadas por pessoas de qualquer idade. Os ovos podem ser de galinha, gansa ou pata. Normalmente, no trabalho com crianças, os ovos podem ser crus ou cozidos para serem decorados. Propõe-se que cada criança utilize três a quatro ovos para poder experimentar diferentes modalidades. Os ovos crus ou cozidos devem ser levados para a escola nas próprias caixas de papelão ou isopor para facilitar a conservação, o transporte e servir de base para pintura e secagem no trabalho de decoração. As técnicas mais fáceis de decoração são de pintura com lápis de cor, caneta ou tinta guache, mas outras técnicas podem ser também exploradas. Resultados mais originais e surpreendentes podem ser obtidos com o emprego de diferentes técnicas.

Adicionamos também aqui, para efeito de ilustração, algumas técnicas mais elaboradas, como os trabalhos de Schneebeli-Morrell (1998), nem sempre utilizáveis em sala de aula. Ver também os ovos decorados nas figuras 18 e 19.

Técnica para cozimento dos ovos

Para que os ovos cozidos não se quebrem durante o cozimento deve-se furar levemente com uma agulha a bolha de ar que existe na base de cada ovo, colocando-o em seguida na panela com água ainda fria. Nunca se deve colocar o ovo na panela de água fervente. Depois de cozê-lo durante 10 minutos, desliga-se o fogo, retirando o ovo da panela quando ele já estiver frio. Seca-se cuidadosamente o ovo, após o que ele estará pronto para ser decorado. Pode-se, ainda, passar duas camadas de verniz na casca do ovo para protegê-la, antes de colocá-lo para cozinhar.

Para trabalhar com as crianças é interessante que elas levem o ovo já cozido. Quando isso não for possível, deve-se providenciar para que os ovos sejam cozidos para todas as crianças. As vantagens do ovo cozido estão em se trabalhar sobre ele sem o risco de quebrá-lo tão facilmente, tornando o manuseio mais simples. Esses ovos poderão depois ser consumidos normalmente.

FIGURA 39 – Ovos decorados de vários países (foto de H. Schneebeli *in* Schneebeli-Morrell, 1998; arquivo de Itani, 1999).

Técnicas para decoração

Para decorar os ovos pode-se lançar mão de um único material, como lápis de cor, lápis de cera ou lápis de base aquarela, ou, ainda, utilizar vários materiais ao mesmo tempo. É o caso, por exemplo, da pintura com lápis de cera e técnica do embrulho com papel de seda. Indicamos aqui algumas técnicas mais comuns.

Pintura com lápis

A pintura com lápis de cor, lápis de base aquarela ou lápis de cera apresenta várias facilidades. Ela foi utilizada por muito tempo em muitos lugares. A pintura é fácil de ser realizada, não requer preparo de material, nem cuidados para não borrar, além de não precisar secar. A pintura pode ser feita diretamente sobre o ovo, uma atividade simples e fácil de ser realizada por crianças. A pintura de bolas coloridas em todo o ovo é a mais utilizada e fica sempre bonito. Pode-se também pintar listras largas coloridas na vertical ou na horizontal, como também quadrados de diversas cores. Pode-se ousar com outras técnicas com lápis de cor, como a decoração com desenhos quadriculados, flores ou animais.

Pintura com caneta hidrográfica

Pintar os ovos utilizando caneta hidrográfica à base de álcool é também uma atividade de fácil manuseio. Com a hidrográfica se podem pintar tanto as bolas coloridas como também os quadrados e as listras de diversas cores na horizontal e na vertical.

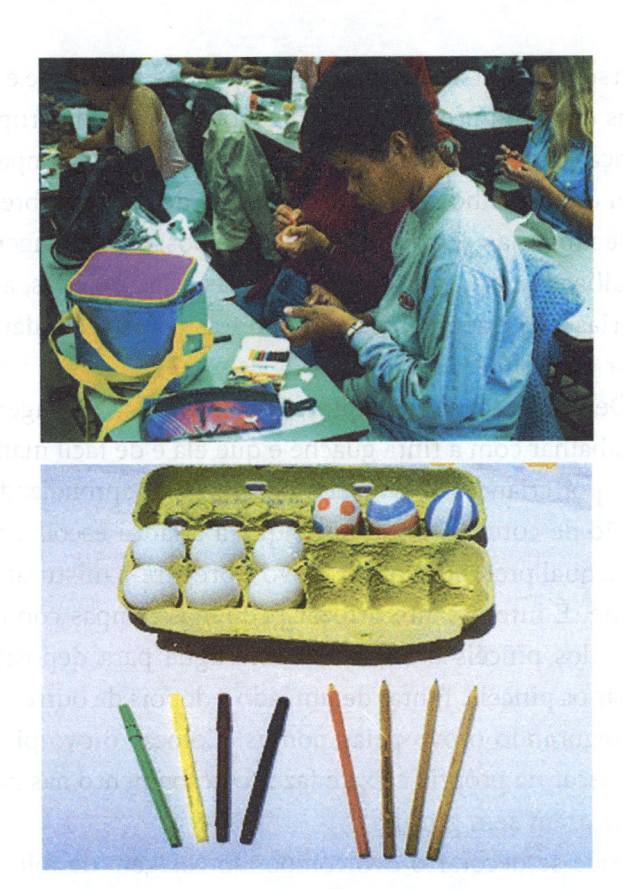

FIGURA 40 – Pintando com lápis e hidrográfica (foto do arquivo de Itani, 1999/2002).

Pintura com guache de uma só cor

A decoração do ovo com tinta guache de uma só cor é também uma das técnicas mais comuns. Para isso basta obter a cor da tinta com auxílio do pincel, misturando-a. Para fazer as cores, utilizam-se tintas das três cores primárias – amarelo, azul e vermelho –, mais as duas cores secundárias – branco e preto. No caso de realizar a pintura com poucos recursos, devem-se comprar potes grandes de guache e dividi-los em conjuntos de pequenos potes para cada grupo de crianças. Podem ser utilizadas, ainda, pequenas tampas ou papel de rascunho para fazer a mistura de tintas e obter cores secundárias. É uma atividade que possui a vantagem de trabalhar as noções de cores primárias e secundárias, as cores frias e as quentes, e como obter as cores secundárias a partir das primárias.

Dentre as técnicas de pintura com tinta, a vantagem de se trabalhar com a tinta guache é que ela é de fácil manipulação por crianças, é lavável e possibilita o aprendizado da criação de cores. É importante que a criança escolha a cor com a qual pretende colorir o ovo e prepare-a misturando o guache. É interessante utilizar pequenas tampas como suporte dos pincéis e um vidro com água para depositar e limpar os pincéis. Pintar de um lado e depois de outro, sempre segurando o ovo pelas pontas. Colocar o ovo pintado para secar na própria caixa e fazer o acabamento nas partes que ficaram sem pintura.

Pode-se decorar o ovo compondo colagem de folhas de plantas e utilizando-se também de técnicas de pintura. Colhem-se folhas verdes ou secas de plantas. Cola-se a folha verde sobre o ovo e pinta-se o restante do ovo com lápis de cor, hidrográfica ou mesmo com tinta guache de uma cor. Deixa-se secar.

Uma outra opção para se trabalhar com a tinta guache é banhar o ovo dentro dela, após ter sido preparada em um vidro com água. Há a desvantagem de se gastar mais tinta e não ser este um trabalho de pintura propriamente dito. Para a atividade é interessante que sejam utilizados vidros baixos, de 8 a 10 cm de altura, e de boca larga, de 6 a 8 cm, para facilitar o trabalho. Para crianças de faixas etárias menores é sempre útil colocar os vidros dentro de uma bacia. Devem-se banhar os ovos na tinta e retirá-los quando for obtida a cor. O vidro facilita a verificação do resultado da cor preparada sobre o ovo. Depois de retirar o ovo do banho de tinta com auxílio de uma colher, deve-se colocá-lo para secar sobre a caixa de ovos. Uma vez seco, basta retocá-lo com pincel, usando a tinta da mesma cor na parte que eventualmente ficar borrada.

FIGURA 41 – Pintando com guache (fotos do arquivo de Itani, 1999/2002, e H. Schneebeli *in* Schneebeli-Morrell, 1998).

Ovos tingidos de uma só cor e embrulhados e colagem de papel

Empregando ainda essa técnica de tintura em uma só cor, é possível também optar por decorar os ovos utilizando-se mais de um material para a atividade. Deve-se escolher papel de seda, celofane ou tule para embrulhar os ovos após a secagem. Pode-se embrulhar o ovo em papel da mesma cor ou de cores contrastantes e amarrá-lo com uma fita.

A decoração do ovo com colagem de papel é também de fácil realização. Utiliza-se papel colorido, que pode ser de seda ou qualquer outro papel fino, e cola. Cortam-se os papéis em pequenos retângulos coloridos, colando-os no ovo, fazendo nele um desenho original.

FIGURA 42 – Decoração de ovos com materiais diversos (fotos de H. Schneebeli *in* Schneebeli-Morrel, 1998, arquivo de Itani, 1999 e 2002).

Pintura decorativa em guache

Para atividade com crianças de faixas etárias maiores pode-se lançar mão de técnicas mais elaboradas. A livre criação de motivos decorativos é uma opção muito indicada para desenvolvimento de várias habilidades, como desenhar, pintar, trabalhar com cores e traços grossos e finos além da criação. Para isso, aconselha-se fazer primeiro o desenho no papel com as cores que se deseja pintar e depois desenhar sobre o ovo. Depois disso, pinta-se seguindo as linhas desenhadas e nas cores planejadas.

FIGURA 43 – Desenhando e pintando (foto de H. Schneebeli *in* Schneebeli-Morrell, 1998).

Pintura com tinturas naturais de uma cor

A decoração de ovos com tintas naturais já foi muito empregada e ainda vem sendo utilizada em diversos lugares – apresentando a vantagem do aprendizado na obtenção de tintas naturais. Não é uma atividade muito recomendada e prática para se utilizar em sala de aula com crianças de faixas etárias menores, sendo aconselhável somente para crianças maiores, uma vez que requer uso de cozimento de materiais para obtenção das cores. As cores de tintas naturais podem ser obtidas com a utilização de cascas de cebola, cascas de nozes, chás, beterraba etc., sobretudo a cor marrom. Coloque numa panela as cascas juntamente com os ovos crus e água e deixe ferver durante dez minutos ou até que se obtenha o tom pretendido. Desligue o fogo e, em seguida, retire os ovos, colocando-os para secar.

O vermelho pode ser obtido de pedaços de beterraba cozidos. O verde pode ser conseguido com o cozimento de folhas de espinafre. Assim que for obtida a cor, coloca-se o ovo seco na panela sobre o líquido ainda quente, deixando-o cozer por alguns minutos. Depois disso o ovo deverá ser secado naturalmente.

Obtêm-se variações decorativas por meio da técnica de tinta natural marrom com o cozimento de cascas de cebola utilizando-se, depois, uma esponja de aço. Colocam-se os ovos para cozinhar durante dez minutos com as cascas de cebola e, em seguida, são postos para esfriar e secar. Quando a tinta estiver ainda úmida, podem ser feitos desenhos ou riscados com esponja de aço.

Aproveitando a mesma técnica anterior para obtenção das cores de tinturas naturais, pode-se obter também uma decoração com um desenho de folha. Colhem-se algumas folhas pequenas de legumes que são postas sobre um lado do ovo cru, envolvendo-o com um pedaço de meia-fina e amarrando-o com um elástico. Coloca-se o ovo na água do legume, cozinhando-o durante quinze a vinte minutos ou até que se consiga a cor desejada. Desliga-se o fogo, retira-se o ovo, colocando-o para esfriar e secar. Quando estiver frio, retira-se a meia.

FIGURA 44 – Ovos com tinta natural e ovos cor de cebola (foto de H. Schneebeli *in* Schneebeli-Morrell, 1998).

FIGURA 45 – Ovos com desenho de folha e outras opções de decoração (fotos de H. Schneebeli *in* Schneebeli-Morrel, 1998; arquivo de Itani).

Confecção de máscaras

A máscara, inicialmente utilizada nas festas do Carnaval, pode ser usada também em outras festividades. É interessante desenvolvê-la juntamente com a explicação do seu significado, de acordo com seu surgimento na história da humanidade.

A máscara foi criada para dissimular ou proteger, podendo ser de figuras de animais ou outras. Mas ela é, sobretudo, uma reprodução estilizada do rosto humano para caracterização de personagens. Escolhemos a reprodução estilizada do rosto de cada um(a) dos(as) alunos(as), moldando a máscara no rosto. O resultado é fascinante na medida em que permite dupla possibilidade: adquirir uma máscara com o formato do rosto de cada criança e, ao mesmo tempo, transfigurá-la com uma decoração.

A confecção e a decoração da máscara aqui indicada são resultado de uma criação coletiva, aplicando recursos possíveis para atividades com crianças de várias faixas etárias, desde a educação infantil ao ensino fundamental. Em atividades com crianças de faixas etárias menores é importante que o adulto esteja presente em todas as etapas da moldagem e recorte de cada máscara, atentando para o cuidado com os olhos na moldagem e o uso da tesoura na fase de acabamento.

Moldagem da máscara

A moldagem da máscara sobre o rosto de cada criança constitui uma atividade bastante estimulante. É também interessante por ser realizada em duplas. Para moldar a máscara, variados materiais e técnicas podem ser escolhidos. A mais prática das técnicas é a que utiliza gaze gessada ou atadura gessada rápida. Além de fácil manipulação e de aplicação rápida, seu custo é relativamente baixo. Com um pequeno rolo de 3 m do pacote de atadura de 10 cm podem ser confeccionadas até três máscaras. Além disso, é facilmente encontrada em lojas de artigos cirúrgicos ou mesmo em algumas farmácias. A atadura gessada possui a vantagem de ser fabricada com material apropriado para uso sobre a pele.

A atividade de modelagem leva em média de dez a quinze minutos. Para ser bem utilizada, a atadura deve ser cortada em pequenas faixas quadradas entre 5 e 10 cm. Coloca-se água numa bacia média. Prepara-se o rosto a ser moldado com um creme ou vaselina para proteger a pele, prendem-se ou puxam-se os cabelos para trás e coloca-se uma leve camada de algodão sobre os olhos fechados, protegendo a região. Mergulha-se cada faixa da atadura na água, retirando em seguida e aplicando-a sobre o rosto. Deve-se atentar sempre para a proteção dos olhos, deixando-os livres da aplicação numa distância de três a quatro dedos dessa região. A aplicação de duas a três camadas sobrepostas de atadura pode tornar a máscara mais resistente. Deixa-se secar um pouco, mantendo o rosto imobilizado. Deve-se retirar a máscara logo que se verifique que a atadura esteja firme, puxando devagar com as duas mãos, por baixo da região do queixo.

Deve-se limpar o rosto com algodão com creme ou vaselina ou lavar o rosto com água, limpando delicadamente os contornos e secando o rosto com toalha de pano ou de papel. Em seguida, cada dupla deve trocar os lugares: o moldado passa a moldador, repetindo a atividade.

Para o trabalho de acabamento da máscara, e com auxílio de uma tesoura, aparam-se os cantos da máscara, recortando-se a região dos olhos. Eliminam-se pequenos defeitos e faz-se um pequeno furo em cada uma das extremidades laterais da máscara, para possibilitar posterior amarração, deixando a máscara secar. Assim que estiver seca, prepara-se o material para pintar.

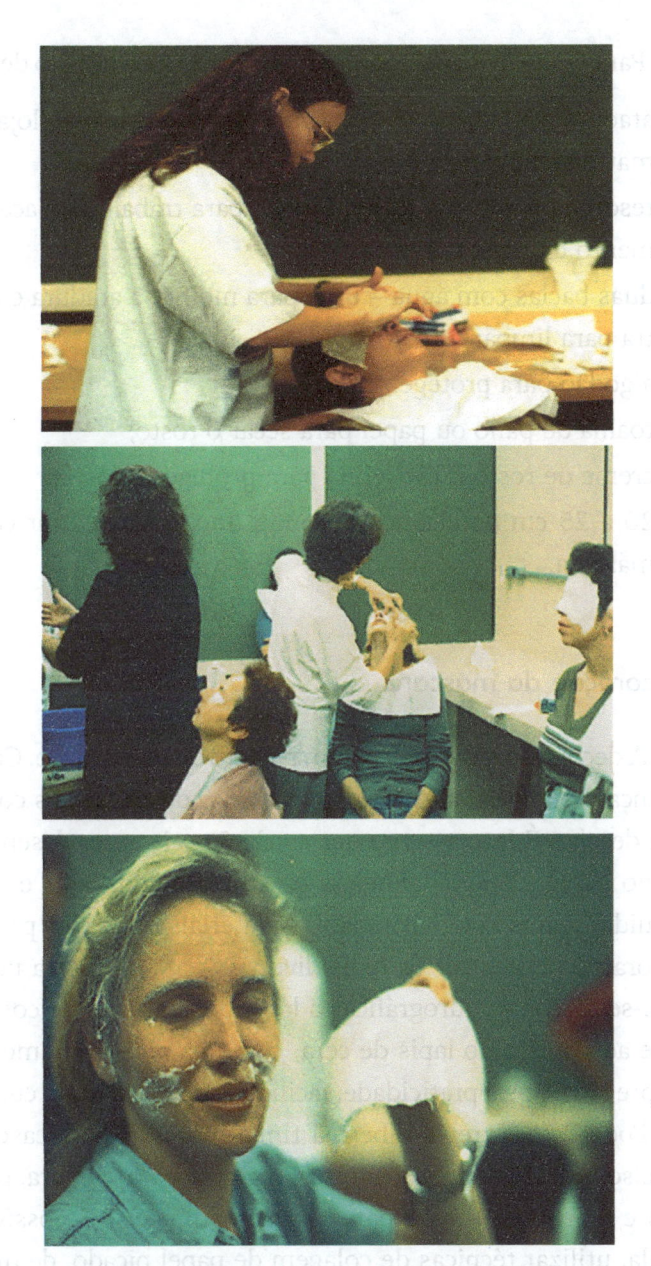

FIGURA 46 – Produzindo máscaras – Momentos do curso de "Festas, Danças e Contos" (foto do arquivo de Itani, 1999/2002).

Para essa atividade o material utilizado é composto de:

- atadura gessada de 10 cm – pode ser adquirida em loja de material cirúrgico;
- tesoura para cortar as ataduras e para trabalho de acabamento da máscara;
- duas bacias com água – uma para molhar a atadura e outra para limpar o rosto;
- algodão para proteger os olhos;
- toalha de pano ou papel para secar o rosto;
- creme de rosto ou vaselina para proteger o rosto;
- 20 a 25 cm de elástico redondo fino para amarrar cada máscara.

Decoração da máscara

A decoração da máscara é um recanto de criatividade. Cada criança pode montar sua máscara com o desenho e as cores que desejar. É interessante que a criação seja antes desenhada no papel, depois delineada na máscara com lápis e, em seguida, pintada ou decorada. Os materiais utilizados para a decoração podem ser os mais diversos. Para a pintura utilizam-se a caneta hidrográfica, o lápis de cor, lápis de cor de base aquarela ou o lápis de cera, como os mais comumente empregados, pela praticidade, facilidade de uso e baixo custo.

Pode-se recorrer também à tinta guache. Nesse caso, é preciso prever as cores das tintas, material para mistura, pincéis e vidros com água para limpar os pincéis. É possível, ainda, utilizar técnicas de colagem de papel picado, de diferentes tipos e cores. Materiais de brilho podem ser usados como compostos com pintura, tanto a purpurina e a lantejou-la como outros materiais. Deve-se deixar secar a máscara e, em seguida, amarrá-la com elástico no tamanho desejado.

FIGURA 47 – Decorando máscara (fotos do arquivo de Itani, 1999/2002).

FIGURA 48 – Máscaras produzidas durante curso de "Festas, Danças e Contos" (fotos do arquivo de Itani, 1999/2002).

Referências bibliográficas

ABREU, M. *O império do divino*. Rio de Janeiro: Nova Fronteira, 1999.

ADORNO, T. W. *Dialética do esclarecimento*. Rio de Janeiro: Zahar, 1985.

_____. *O fetichismo na música e a regressão da audição*. São Paulo: Nova Cultural, 1999.

AMARAL, A. *Tradições populares*. São Paulo: s.n., 1948.

ARIÈS, P. *História social da criança e da família*. 2.ed. Rio de Janeiro: LTC, 1981.

ATTALI, J. *Histoires du temps*. Paris: Fayard, 1982.

AUGE, M. *A construção do mundo*. Lisboa: Edições 70, 1978.

AUSTIN, A. L. Los ritos: un juego de definiciones. *Arqueologia Mexicana*, v.VI, n.34, nov.-dez. 1998.

AVENI, A. Tiempo, astronomia y ciudades del México antiguo. *Arqueologia Mexicana*, v.VII, n.41, jan.-fev. 2000.

BENJAMIN, W. *Magia e técnica, arte e política*. Ensaios sobre literatura e história da cultura. São Paulo: Brasiliense, 1985 (Obras escolhidas, v.1).

_____. *Reflexões*: a criança, o brinquedo e a educação. São Paulo: Summus Editorial, 1984.

BRANDÃO, C. R. *A cultura na rua*. Campinas: Papirus, 1989.

BRITTO, I. M. *Samba na cidade de São Paulo (1900-1930)*: um exercício de resistência cultural. São Paulo: FFLCH/USP, 1986.

BRODA, J. Ciclos de fiestas y calendário solar mexica. *Arqueologia Mexicana*, v.VII, n.41, jan.-fev. 2000.

BUARQUE DE HOLANDA, S. *Raízes do Brasil*. Rio de Janeiro: José Olympio, 1973.

CÂMARA CASCUDO, L. da. *Dicionário do folclore brasileiro*. 5.ed. Belo Horizonte: Itatiaia, 1984.

CANDIDO, A. *Os parceiros do Rio Bonito*. 7.ed. São Paulo: Duas Cidades, 1987.

CNDP. *Calendriers et fêtes*. Paris: Centre National de Développement Pédagogique, 1999. (Coleção Textes et Documents pour la Classe, n.766).

CRETIN, N., THIBAULT, D. *Le livre des fêtes*. Paris: Gallimard, 1996.

CROUZET, M. *História geral das civilizações*. Rio de Janeiro, São Paulo: Bertrand Brasil, 1993.

DA MATTA, R. *Carnavais, malandros e heróis*. Rio de Janeiro: Graal, 1980.

DEL PRIORE, M. *Festas e utopias no Brasil colonial*. São Paulo: Brasiliense, 1994.

DELUMEAU, J. *História do medo no Ocidente*. 1300-1800. Uma cidade sitiada. São Paulo: Companhia das Letras, 1996.

DIAZ, D. Calendários y nacionalismo. *Arqueologia Mexicana*, v.VII, n.41, jan.-fev. 2000.

DURKHEIM, E. *As formas elementares da vida religiosa*. São Paulo: Martins Fontes, 2000.

DUVIGNAND, J. *Fêtes et civilizations*. Paris: Weber, 1973.

ELIAS, N. *Sobre o tempo*. Rio de Janeiro: Zahar, 1994.

FABRE, D. *Carnaval ou la fête à l'envers*. Paris: Gallimard, 1997, (Col. Découvertes).

FERNANDES, F. *O folclore em questão*. São Paulo: Hucitec, 1978.

_____. *A integração do negro na sociedade de classes*. São Paulo: USP, 1965.

FUENTES, C. *O espelho enterrado*. Rio de Janeiro: Rocco, 2001.

_____. *O processo civilizador*. Rio de Janeiro: Zahar, 1994b. 2v.

GILLE, B. *Histoire des techniques*. Paris: Gallimard, 1984.

ISAMBERT, F. *Le sens du sacré*. Paris: Minuit, 1982.

ITANI, A. *Festas e manifestações culturais populares*. Rio Claro: UNESP, 1999. (Mimeogr.).

KINDERSLEY, B. et al. *Celebration!* London: Dorling Kindersley, 1997.

MAIELLO, F. *Histoire du calendrier*. Paris: Seuil, 1993.

MORAES, J. G. V. *As sonoridades paulistanas*. Rio de Janeiro. Funarte, Bienal, 1997.

MORAES FILHO, M. *Festas e tradições populares no Brasil*. Belo Horizonte: Itatiaia, 1999.

NAQUET, P. V. et al. (Dir.) *Histoire de l'humanité*. Paris: Hachette, 1987.

NIETZSCHE, F. *O nascimento da tragédia ou helenismo e pessimismo*. São Paulo: Companhia das Letras, 1993.

PIAGET, J. *A construção do real na criança*. São Paulo: Ática, 1996.

QUEIROZ, J. (Org.) *A cultura do povo*. São Paulo: Cortez, Moraes, Educ, 1979.

QUEIROZ, M. I. P. *Carnaval brasileiro* – o vivido e o mito. São Paulo: Brasiliense, 1992.

ROMERO, S. *Folclore brasileiro*. Rio de Janeiro: José Olympio, 1954.

SATRIANI, L. L. *Antropologia cultural*. A análise da cultura subalterna. São Paulo: Hucitec, 1986.

SCHNEEBELI-MORRELL, D. *Les oeufs décorés*. Paris: Gründ, 1998.

SEGALEN, M. *Rites et rituels contemporains*. Paris: Nathan, 1998.

SIKE, Y. de. *Les masques*. Paris: Ed. De la Martinienne, 1998.

SILVA, M. A. S. S. et al. *Memórias e brincadeiras na cidade de São Paulo nas primeiras décadas de século XX*. São Paulo: Cortez, 1989.

_____. *Fêtes et croyances populaires en Europe*. Paris: Bordas, 1994.

SISSA, G. et al. *Os deuses gregos*. São Paulo: Companhia das Letras, 1990.

SOLIS, F. La piedra del Sol. *Arqueologia Mexicana*. v.VII, n.41, jan.-fev. 2000.

SOUSTELLE, J. *Les Olmèques. La plus ancienne civilisation du Mexique*. Paris: Arthaud, 1979.

TENA, R. El calendario mesoamericano. *Arqueologia Mexicana*, v.VII, n.41, jan.-fev. 2000.

THOMPSON, E. P. *Costumes em comum*. Estudos sobre a cultura popular tradicional. São Paulo: Companhia das Letras, 1998.

VALLE, E. et al. *A cultura do povo*. São Paulo: Educ, 1979.

VERNANT, J. P. *O universo, os deuses e os homens*. São Paulo: Companhia das Letras, 2000.

VILLADARY, A. *Fêtes et vie quotidienne*. Paris: Ed. Ouvirères, 1968.

VILLAINES, B., D'ANDLAU, G. *Les fêtes retrouvées*. Paris: Casterman, 1997.

VOVELLE, M. *Les metamorphoses de la fête en Provence*. Paris: Flamarion, 1976.

WINICOTT, D. W. *O brincar e a realidade*. Rio de Janeiro: Imago, 1975.

ZALUAR, A. *Os homens de Deus*: um estudo dos santos e festas do cotidiano popular. Rio de Janeiro: Zahar, 1983.

Agradecimentos a ilustrações cedidas e créditos fotográficos e desenhos

A Sandra Tinos e Maureen Basiliat/Anpuh-SP, pelas fotos da Festa do Divino, 2000 e 1980; a Eudice Barbosa e Jô Itani, pela foto do Maracatu de Recife, 2002.

Imagem e material dos Voladores doados por Enrique Hernández, Consulado do México em São Paulo.

À direção da revista *Arqueologia Mexicana* – Instituto Nacional de Antropologia e História do México, pelas ilustrações cedidas.

Créditos:

Calendários Maia, ilustração de Malena Juarez, Arqueología Mexicana; *Calendário Asteca*, foto de Marco Antonio Pacheco, Arqueologia Mexicana; *Calendário Nashua*, reprografia de Marco Antonio Soares da editorial Raíces, *Arqueologia Mexicana*; os três calendários do Museu Nacional de Antropologia do México e Instituto Nacional de Antropologia e História do México; Fotos de Voladores de Lorenzo Armendáriz em México Desconocido; Calendário republicano francês Edimedia de TDC do Centre National de Documentation Pédagogique; gravura do Casal camponês dançando de U. Graf, École Nationale de Beaux Arts; e Máscaras de carnaval do catálogo da fábrica Manebach, Bibliothèque des Arts Décoratifs de Paris; e gravura de loucos do Carnaval de Hondius em D. Fabre, Éditions Gallimard/Découvertes; Cartão da festa francesa da música, desenho D. Thibault *Le livre des fêtes*, coleção Jeunesse; fotos de carpas e de Sophie de Ickwell de B. Kindersley; *Celebration*, 1997, foto de moça pintando ovos e figuras da música brasileira de reportagens da revista *Veja*; fotos de ovos decorados de Heini Schneebeli (Schneebeli-Morrell, 1998) Anness Pub./Gründ, *Oeufs décorés*.

SOBRE O LIVRO

Formato: 14 x 21 cm
Mancha: 23 x 44,5 paicas
Tipologia: Iowan Old Sytle 10,5/15,5
Papel: Offset 90 g/m² (miolo)
Cartão Supremo 250 g/m² (capa)
1º edição: 2003

EQUIPE DE REALIZAÇÃO

Coordenação Geral
Sidnei Simonelli

Produção Gráfica
Anderson Nobara

Edição de Texto
Nelson Luís Barbosa (Assistente Editorial)
Ada Santos Sales (Preparação de Original)
Nelson Luís Barbosa e
Ana Luiza Couto (Revisão)

Editoração Eletrônica
Lourdes Guacira da Silva Simonelli (Supervisão)
Cia. Editorial (Diagramação)
Julia Yumi Itani (Tratamento de imagens)
David Izuka (Ilustrações)

Fotos
Arquivo de Alice Itani

Ilustração de Capa
Roda calendárica de tradição nahua. Fez parte de calendários pré-hispânicos colecionados por Veytia (1718-1779) durante a colonização espanhola e devolvidos posteriormente ao México por ordem da realeza. (Diaz, 2000)

Impressão e acabamento